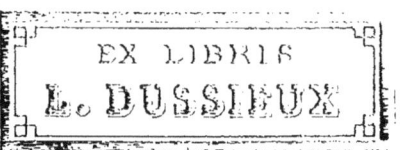

ÉLOGE
D'ÉTIENNE PASQUIER

DISCOURS

PRONONCÉ PAR M. DUPIN

PROCUREUR GÉNÉRAL

A L'AUDIENCE DE RENTRÉE

DE LA COUR DE CASSATION

LE 6 NOVEMBRE 1843

> « Il aimait le Roi ; mais c'était d'un amour
> « de magistrat, et non pas d'un amour de
> « courtisan. »

PARIS

CHEZ LES ÉDITEURS :

JOUBERT, LIBRAIRE | **THOREL**, LIBRAIRE
DE LA COUR DE CASSATION | SUCCESSEUR D'ALEX. GOBLET

PLACE DAUPHINE 29, PRÈS LE PALAIS DE JUSTICE

1843

ÉLOGE D'ÉTIENNE PASQUIER.

« Il aimait le Roi ; mais c'était d'un amour de magistrat,
« et non pas d'un amour de courtisan. »

Messieurs,

Je poursuis le dessein que je me suis dès longtemps proposé, de chercher dans l'étude des temps anciens et dans la vie des hommes célèbres qui nous ont précédés, des souvenirs qui intéressent, des enseignements qui profitent, des exemples qui instruisent par les faits mieux que ne le feraient de stériles généralités.

J'ai déjà évoqué devant vous beaucoup de grands noms ; mais, (et cela fait également honneur à la Magistrature et au Barreau), je suis loin d'avoir épuisé la riche nomenclature de ceux qui ont illustré ces deux nobles carrières.

Le personnage dont je veux vous entretenir principalement aujourd'hui est Étienne Pasquier, dont le nom brille encore dans la sphère la plus élevée de nos Magistratures, et qui fut également recommandable comme avocat, comme homme public, et comme écrivain.

Étienne Pasquier est né à Paris en 1529, au commencement de ce XVIe siècle où se pressent tant de grands événements, où l'on voit paraître sur la scène du monde tant d'hommes de science; et ce qui, sous un autre point de vue, peut être mis au-dessus de la science même, des hommes d'un caractère mieux dessiné et plus énergique que ceux des âges suivants.

Pasquier fit ses études dans l'antique et célèbre Université de Paris. L'enseignement était alors moins complet et dirigé par un goût moins pur et par une critique moins éclairée que de nos jours; mais on était plus laborieux et moins distrait, et l'on professait avec ferveur le culte de la science et de l'antiquité.

Les parents du jeune Pasquier le destinaient au Barreau; c'était le point de départ de toutes les carrières civiles. Loisel en a fait la remarque en termes assez piquants, dans son *Dialogue des Avocats*, lorsqu'il dit sous le nom de *Pasquier* dont il fait l'un de ses interlocuteurs : « Bref, l'estat
« d'advocat estoit alors si honorable que toute la
« jeunesse la mieux instruite, voire des meilleures
« maisons de la Ville (Paris) tendoit à faire
« montre de son esprit en cette charge, avant de
« se mettre aux offices de Conseillers ou autres; et
« *n'y avoit quasi que ceux qui se défioient de leur*
« *industrie et capacité qui en acheptassent;* car,
« de vérité, on commençoit dès-lors à les vendre;
« ou, pour le moins, à prêter de l'argent au Roi,
« qui, par après, promettoit de le rendre [1]. »

Pasquier nous a laissé dans ses écrits le récit de ses études de droit : « L'un des plus grands heurs
« que je pense avoir recueillis dans ma jeunesse,
« dit-il, fut qu'en l'an 1546, Hotoman et Balduin

[1] *Dialogue des Avocats*, p. 204, édit. de 1832.

« commencèrent leurs premières lectures de droit
« aux écoles de cette ville de Paris, en un grand
« théâtre d'auditeurs; et ce jour même, sous ces
« deux doctes personnages, je commençai à étudier
« en droit. Et l'an d'après, dans la ville de Tou-
« louse, je fus *à la première leçon* que Cujas fit en
« l'École des Institutes, et continuai mes leçons
« sous lui, chacun le trouvant d'un esprit fort
« clair, et qui ne promettoit pas peu de choses! »

On aime à voir l'élève saisir entre toutes les qualités du professeur celle qui donne du prix à toutes
les autres, la clarté (A)! Pasquier ne parle ici que
de la première leçon de Cujas, et des espérances
qu'elle faisait concevoir. Depuis, il a mis ce grand
maître au rang qui lui appartient, lorsqu'il a dit de
lui : « Cujas, qui n'eut, selon mon jugement, n'a
« et n'aura, par adventure, jamais son pareil ! »

Cependant, quoiqu'il y eût en France de si habiles professeurs, tel était le préjugé en faveur de
l'Italie, qu'un élève de quelque distinction n'aurait
pas regardé son éducation comme complète, s'il
n'eût fréquenté les universités au delà des monts.
Pasquier se rendit à Bologne, et il y suivit les cours
de Marianus Socin, « qui, » selon son témoignage,
« avoit acquis tant de renom, que la plupart des
« Italiens venoient se vouer à ses pieds l'espace de
« cinq ou six mois, pour tirer de lui consultation. »

Après avoir pris ses grades, Pasquier fut reçu
avocat au Parlement de Paris, en 1549. Il avait
vingt ans. Il fallait se faire jour au Palais; effort
difficile en tout temps, plus difficile encore au mi-

lieu de tous les grands talents qui, à cette époque, illustraient la profession d'avocat. — Un jeune stagiaire devait être effrayé de la concurrence. « Quand je vins au Palais, » dit Pasquier[1], « qui fut
« en l'an 1549, sur le commencement du règne du
« roi Henri II, l'estat d'advocat estoit principale-
« ment en honneur comme estant l'eschelle par
« laquelle on montoit aux plus grands estats et
« dignitez du royaume (B).... Entre les advocats,
« celui qui tenoit le premier rang parmi les con-
« sultans estoit feu Matthieu Chartier.... Estant en
« mon jeune âge, il estoit fort ancien advocat, et
« ne venoit guère au Palais; mais le Palais, s'il
« faut ainsi dire, alloit chez luy, car il estoit
« comme l'oracle de la ville, à cause tant de son
« savoir, expérience et long usage, que de sa
« prud'hommie et intégrité de sa vie. »

Telles sont, en effet, Messieurs, les éminentes qualités qui faisaient jadis la réputation des avocats consultants. Tels, de nos jours, ont été MM. Ferey, Poirier, Delacroix-Frainville, mes doctes Patrons : tels on n'en verra guère à l'avenir, n'y ayant plus, à proprement parler, de consultations.

« Quant à ceux qui tenoient le Barreau et pa-
« roissoient le plus en la salle du Palais, » j'abrége la nomenclature qu'en donne Pasquier, me bornant à prendre parmi eux Pierre Séguier, Christophe de Thou et Charles Dumoulin....

C'étaient là les Anciens, et comme les chefs de

---

[1] C'est Loisel qui le fait parler ainsi, dans son *Dialogue des Avocats*.

l'Ordre. Ceux de l'âge de Pasquier, et avec lesquels il allait entrer en lice, étaient principalement François de Montholon, Pierre Versoris (contre lequel nous le verrons plaider sa plus grande cause), Jean Bacquet; suivis bientôt après de Barnabé Brisson, de Loisel et des frères Pithou, comme lui élèves du grand Cujas.

Pasquier débuta dans la plaidoirie. Il le fit sans produire grande sensation; et cependant sa clientèle commençait à se former, lorsqu'une maladie grave et tenace le força de quitter Paris, et l'en retint éloigné pendant près de deux ans. On oublie vite au Palais! Tant de gens sont intéressés à s'établir sur les ruines d'autrui, et à *prendre défaut contre les absents!* Pasquier s'en aperçut lorsqu'il y revint; et il est curieux de l'entendre lui-même conter son désappointement.... « Retournant à
« Paris, je voulus reprendre mes anciennes brisées
« du Palais, et me trouvai si éloigné de mes pre-
« mières intentions, que nul procureur presque
« ne me reconnoissoit. Ce peu de racines que j'y
« avois auparavant se trouva du tout amorti. Je
« voyois cependant plusieurs avocats de ma volée
« avancés, que je passois auparavant d'un long
« entrejet. Je me promène deux mois dedans la salle
« du Palais sans rien faire; et croyez que c'étoit un
« crève-cœur admirable; tellement que, de dépit,
« il me prit opinion de m'en bannir tout à fait [1]. »

Au milieu de ce découragement, Pasquier avait par bonheur une ressource toute prête dans les

[1] *Lettres*, p. 625.

fortes études qu'il avait faites, et dans son amour pour les lettres. Il y revint avec prédilection. Cette disposition de son esprit s'affermit encore par la liaison intime qu'il avait contractée avec deux habiles maîtres de l'Université de Paris, nommés Béguin et Levasseur [1]. A eux trois, ils formaient une espèce d'académie qui rappelait le genre de vie des anciens philosophes de la Grèce. « Nous « nous voyions diversement, dit Pasquier, et d'or- « dinaire allions nous promener aux fauxbourgs « en quelques jardins, pendant lequel temps nos « propos estoient ores de la sainte Escriture, « ores de la philosophie et ores de l'histoire [2]. » Si tels étaient leurs délassements, je vous laisse à penser, Messieurs, ce qu'étaient leurs études!...

Pasquier s'était surtout attaché à celle de notre histoire nationale; et ses travaux en ce genre ont une valeur réelle. En général, on s'est trop persuadé que l'histoire ne pouvait être écrite que par des gens de lettres, et qu'il suffisait de raconter avec une certaine élégance des événements, des combats, des révolutions, comme s'il n'y avait que cela dans la vie des nations! Mais n'est-il pas nécessaire aussi de rendre compte des institutions politiques, des mœurs sociales et de la législation des Peuples? Et si l'on veut en donner une

---

[1] Béguin était grand-maître du collége du cardinal Lemoine; et Levasseur était principal du collége de Reims. *Lettres*, p. 628.

[2] « Qui n'estoient pas petits esbats! que nous accompagnions « aussi de fois à autre de jeux de boule et de quilles, ainsi que « l'opinion nous en prenoit. » *Lettres*, ibid.

juste idée à ses lecteurs, est-ce donc assez d'être littérateur, et n'est-il pas à propos d'être encore quelque peu jurisconsulte et publiciste?

L'écrivain qui veut tout approfondir dans notre histoire, rencontre à chaque pas de véritables *questions de droit.* Par exemple, la matière des anciens Fiefs, celles des Apanages et des Pairies, la succession à la Couronne, les Minorités, les Régences, la condition des Personnes, celles des Biens, la distribution des Pouvoirs publics, les réunions et capitulations des Provinces, l'analyse des Conventions diplomatiques, les actes des États Généraux et ceux des Parlements, la lutte incessante du Pouvoir spirituel contre le Pouvoir temporel; toutes ces matières ne peuvent pas se traiter par simple énonciation, comme l'ont fait la plupart de nos anciens historiens, dont l'ignorance se révèle le plus souvent par les termes impropres qu'ils emploient quand ils viennent à toucher ces sortes de sujets; tandis que, pour en parler d'une manière satisfaisante, il faudrait une connaissance approfondie et une intelligence exacte des monuments de la jurisprudence et des actes de la législation. Aussi, je ne crains pas d'affirmer que les travaux des Pasquier, des Dupuy, des Godefroy, des Du Tillet, de Loyseau, des frères Pithou, de Secousse et d'Eusèbe de Laurière, ont plus servi à l'Histoire de France que beaucoup de compositions historiques dont tout le mérite consiste dans un certain coloris de style [1].

---

[1] Ce que Pasquier appelle *un fleuretis de paroles.*

Pasquier réunissait une grande partie des conditions dont je viens de parler : il possédait autant de littérature que les plus habiles écrivains de son temps, et de plus il était homme d'État et bon jurisconsulte.

Aussi ses *Recherches de la France*, dont les premiers livres parurent en 1560, ont éclairé un grand nombre de points historiques, qui ne l'avaient point encore été ou ne l'avaient été qu'imparfaitement avant lui (C).

Pasquier publia vers le même temps le *Pourparler du Prince*. Dans cet écrit, en forme de *dialogue*, l'auteur expose ses idées sur le gouvernement. Il y rapporte tout à l'utilité publique. Il repousse avec indignation l'assertion impudente d'un de ses interlocuteurs, qui avait osé dire que *les Peuples sont faits pour les Rois!* Il blâme au contraire les Rois qui voudraient abuser des moyens de gouvernement pour opprimer leurs sujets « et « tout tirer à leur profit particulier. » Il veut que la volonté du prince soit contrôlée et modifiée par le conseil des grands Corps de l'État. Dans ce qu'il dit de la manutention des finances et de la modération des dépenses publiques, on reconnaît la sévérité et l'intégrité de celui que nous verrons plus tard magistrat de la Chambre des Comptes.... On dirait qu'il rêve pour la France un gouvernement constitutionnel [1]!....

La publication de ces deux ouvrages fit honneur

---

[1] Voyez l'analyse plus développée de cet Opuscule, dans la Note placée à la fin de ce Discours, sous la lettre D.

à Pasquier ; sa réputation s'en accrut ; il en prit confiance, et revint au Palais.

Cependant, pour s'y ancrer d'une manière solide, il lui fallait une de ces occasions décisives dans la vie d'un avocat, une de ces grandes causes qui saisissent l'attention publique, et qui placent aux premiers rangs ceux qui savent s'élever à la hauteur de leur sujet.

Cette occasion ne se présenta qu'en 1564, dans la cause de l'Université contre les Jésuites. Pasquier en parle avec modestie dans ses livres : « Les « Jésuites, dit-il, après avoir *pied à pied* gagné « terre dedans Paris, se présentèrent à l'Univer-« sité afin qu'il lui plust les immatriculer en son « Corps, chose dont ils furent éconduits [1]. » — C'est là le sommaire de l'affaire ; mais on n'aurait pas une idée complète de sa gravité et de l'honneur qui en revint à l'avocat, si l'on ne se représentait l'origine et la grandeur de la question.

La constitution de l'ancienne Université de Paris ne ressemblait point à celle de l'Université actuelle. « Celle-ci, » selon la définition qu'en a donnée un homme vraiment digne du titre de Grand-Maître, « n'est autre chose que le gouvernement appliqué à « la direction universelle de l'instruction publique ; « aux colléges des villes comme à ceux de l'État, « aux institutions particulières comme aux colléges, « aux écoles de campagnes comme aux Facultés de « théologie, de droit et de médecine. L'Université

[1] « En pleine compagnie, » c'est-à-dire en assemblée générale de l'Université. *Lettres*, p. 628.

« a été élevée sur cette base fondamentale que l'in-
« struction et l'éducation publiques appartiennent
« à l'État. L'Université a donc le monopole de
« l'Éducation, à peu près comme les Tribunaux
« ont le monopole de la Justice, et l'armée celui de
« la Force publique. »

L'ancienne Université n'avait point *a priori* un caractère aussi général et aussi étendu. Il n'y a que de la vanité dans le préjugé qui, pendant long-temps, a prétendu rattacher sa fondation au règne de Charlemagne, comme l'Université actuelle se rattache à celui de Napoléon. Sans doute, dès le temps de Charlemagne, il y a eu à Paris des écoles publiques [1], mais ce n'était point ce qu'on a depuis appelé l'*Université de Paris*. On peut dire d'elle : *Prolem sine matre creatam*. C'est seulement à dater du XIIe siècle qu'il est possible de voir le germe d'une véritable institution dans l'association libre et spontanée de tous les maîtres de Paris [2], qui auparavant professaient séparément la théologie, le droit, la médecine et les arts [3], et dont la réunion commence à former *un corps général d'études* [4]. C'est à cet ensemble d'études, à cette alliance volontaire des savants professeurs de la Capitale,

---

[1] « Où les professeurs enseignoient en public, *à tout venant.*» PASQUIER, t. I, p. 915.

[2] PASQUIER, *Recherches*, liv. IX, c. 5. — *Hist. Littér. de la France*, IV, 250; VI, 100.

[3] « .... Auquel temps (1142) *la république des arts* n'étoit en-
« core en essence sous le nom d'*Université.* » PASQUIER, *ibid.*, c. 6.

[4] *Ibid.*, c. VII, p. 899.

que, sous le règne de Philippe-Auguste, on a donné le nom d'*Université*.

Vinrent ensuite les colléges (et principalement celui de Sorbonne, dont la fondation se rattache à saint Louis), qui formèrent, avec l'Université dont ils relevaient, une puissante agrégation soumise au gouvernement d'un recteur, que cette jalouse république élisait tous les trois mois [1].

A travers les vicissitudes de sa formation et des différentes phases de son existence, l'Université, fameuse dès son origine, se vit l'objet d'un grand nombre d'immunités et de priviléges, soit de la part des Papes, soit de la part des Rois, qui se plurent à l'environner de leurs faveurs, et dont elle devint ainsi la *Fille adoptive* [2]. Bientôt cette illustre Compagnie eut un territoire, une juridiction particulière, et de véritables vassaux dans les différentes professions [3] qui relevaient d'elle, et tout ce qu'on appelait *les suppôts de l'Université*.

Comme cette Compagnie renfermait dans son sein les hommes les plus éclairés, qui en faisaient le foyer le plus intense, et comme le creuset de toutes les saines doctrines, on la voit mêlée à toutes les grandes questions religieuses et politiques; consultée, ou plutôt invoquée, tantôt par

---

[1] Pasquier, liv. ix, c. 22. — *Ne potestas diuturnitate corrumperetur*. Tit. Liv., iv, 2.

[2] « Ce sont les Rois eux-mêmes qui ont appelé l'Université de Paris *leur fille aînée.* » Pasquier, liv. ix, c. 26 des *Recherches*.

[3] Tels que les imprimeurs, libraires, relieurs, papetiers, etc.

les Papes, et tantôt par les Rois; quelquefois même intervenant d'office, avec tout le poids de son influence et de son crédit sur l'opinion publique, au sein d'une société accoutumée à révérer en elle un des soutiens les plus orthodoxes de l'Église, comme un des remparts les plus fermes de la Monarchie.

Un pouvoir aussi exorbitant ne pouvait pas se maintenir constamment à cette hauteur. A la suite de réformations successives [1], dont quelquefois, il faut le dire à sa louange, l'Université prit elle-même l'initiative, elle était rentrée dans ses attributions naturelles, et se trouvait réduite à la fonction de procurer l'enseignement de la jeunesse, et au droit de conférer les grades dans toute l'étendue de son agrégation, avec soumission, pour le contentieux de ses priviléges, à la juridiction suprême du Parlement.

Les choses en étaient à ce point, lorsque, vers le milieu du XVIe siècle, à travers les dissensions causées par le schisme et les déchirements de nos guerres civiles, on vit poindre une nouvelle société qui se présentait comme auxiliaire du Saint-Siége contre les ennemis de la Foi.

Le chef de cette milice, Ignace, officier espagnol blessé au siége de Pampelune, *qu'il défendait contre les Français* [2], avait quitté le service

---

[1] Voyez PASQUIER, liv. IX, c. 25, *Réformations de l'Université*.

[2] Cette circonstance nous est révélée dans le Réquisitoire de l'avocat général Du Mesnil, rappelé dans la note, sous la lettre F, à la suite de ce Discours.

militaire pour se vouer à un autre genre de combats. Il était venu, dans un âge déjà mûr, étudier à Paris aux colléges de Sainte-Barbe et de Montaigu, où il était en 1528; et il avait obtenu en 1532 le grade de *maître ès arts en l'Université parisienne,* lorsqu'il retourna en Espagne et en Italie pour y jeter les fondements de l'Ordre dont il avait conçu le plan.

De Rome, où il avait institué le siége de son gouvernement, Ignace, devenu Général des Jésuites, envoya à Paris quelques-uns de ses compagnons [1] en vue d'introduire leur nouvelle société en France. Mais, malgré l'appui qu'ils y trouvèrent auprès des Guise, de Catherine de Médicis et de plusieurs prélats assez turbulents ou assez aveugles pour les protéger, et quelques efforts qu'ils fissent, ils ne purent se faire admettre, ni sous le nom de *Jésuites,* dont la chrétienté s'était offensée [2], ni sous la forme d'*Institut Religieux*, avec le cortége de bulles et de constitutions qui enveloppaient le mystérieux secret de leur mission. Mais, avec cette souplesse qui déjà leur était familière, ils songèrent à s'insinuer sous une autre couleur et d'une manière implicite et détournée.

Ayant obtenu de Guillaume Du Prat [3], évêque

---

[1] L'un d'eux, par une assez singulière rencontre, se nommait Pasquier Brouez. Voyez la note placée à la suite du Discours sous la lettre E.

[2] L'assemblée connue sous le nom de *Colloque de Poissy* leur avait interdit de prendre ce titre.

[3] Fils naturel du Chancelier de ce nom, fauteur intéressé de l'abolition de la Pragmatique.

de Clermont, des libéralités qui leur donnèrent le moyen d'établir deux colléges en Auvergne (à Billom et à Mauriac) et un à Paris, rue Saint-Jacques, qu'ils appelèrent *collége de Clermont*, pour se couvrir du nom de leur protecteur, ils se mirent à enseigner; et s'autorisant d'une bulle nouvelle donnée par Jules III, en 1550, ils élevèrent la prétention de conférer à leurs disciples les grades de bachelier, licencié et docteur, sans se soumettre aucunement au régime de l'Université [1].

L'Université dut enfin s'opposer à ces entreprises.—Que firent alors les Jésuites? Habiles à leur début, ils se gardèrent bien de déclamer contre les méthodes de l'Université, ni d'insulter à ses professeurs, ou de faire planer une menace d'excommunication sur les maîtres et les élèves!—Loin de là, ils crurent tout concilier en demandant eux-mêmes à être *incorporés* à l'Université; se présentant à elle, non plus comme *Institut*, mais simplement comme *Collége*, comme maîtres ayant des écoliers, et réclamant à ce titre *la liberté d'enseignement* [2].

Appelée à délibérer sur cette proposition, l'Université voulut d'abord savoir d'une manière certaine *quels étaient* ceux qui se présentaient ainsi pour être admis et immatriculés dans son sein? Mais à la suite d'un interrogatoire, qui restera comme un modèle dans l'art des réticences, le Recteur, malgré ses questions réitérées, ne put jamais amener que la fameuse réponse *Sumus tales quales,*

---

[1] Crevier, *Histoire de l'Université*, vi, 5.
[2] Laissez-nous faire....

nous sommes tels que nous sommes, les gens tenant le collége de Clermont[1].

Dès lors l'Université refusa de les admettre, et déduisit par écrit ses motifs d'opposition[2] dont le Parlement allait devenir juge.

L'Université avait ses avocats ordinaires. Mais les Jésuites s'en étaient emparés en leur soumettant à l'avance un Mémoire à consulter, adroitement conçu, sur lequel ces jurisconsultes avaient imprudemment engagé leur avis.

Cependant Dumoulin restait libre, et il rédigea pour l'Université une consultation vigoureuse fondée sur neuf motifs, desquels il conclut que rien ne serait plus funeste que l'admission de cette

---

[1] Aussi M. Royer-Collard disait-il en parlant des Jésuites modernes : « Ne demandez pas à cette Société qui elle est, ni d'où « elle vient; car, en vous répondant, elle mentirait. »

[2] L'Université ne refusait pas les requérants comme *ecclésiastiques*; car plus de la moitié de ses professeurs étaient dans la cléricature; mais elle les repoussait comme *moines*. Voilà pourquoi le Recteur leur avait demandé : Êtes-vous *réguliers* ou *séculiers*? Comme *particuliers*, l'Université n'eût pas refusé de les admettre, car, dit-elle dans ses motifs : « L'Université reçoit tous « *particuliers*, et les dispose et leur donne place parmi ses mem- « bres, à chascun selong son estat et qualité.... Mais c'est un « *collége* qui se présente! or, l'Université n'admet pas en collége « un principal qui ne soit maître ès arts. *Ergo, nul moine n'est* « *principal dans un collége.* » — « Au reste, ajoutait l'Université, « s'ils sont réguliers, c'est-à-dire constitués en corps de société et « congrégation, l'Université ne peut les recevoir que première- « ment ils ne soient reçus en France; ce qu'ils ne sont. » — C'est sur le même principe que sont fondés les *ordres du jour* prononcés par les deux Chambres, dans les séances des 15 et 27 mai 1843, sur les pétitions tendantes à confier l'éducation à des *corporations non autorisées*.

nouvelle Société, qui, dit-il, traîne à sa suite d'irréparables dangers : *Quare nihil perniciosius esset, et periculum irreparabile secum trahit.* Cet avis de Dumoulin fut partagé par six autres avocats des plus fameux du Parlement de Paris, de ceux que Pasquier appelle les *arcs-boutants* des consultations.

Il ne s'agissait plus que de choisir l'avocat qui devrait plaider pour l'Université. Les deux amis de Pasquier (Beguin et Levasseur) s'empressèrent de le proposer, et quoiqu'il parût encore bien jeune (à 35 ans), au milieu d'un Barreau si riche en avocats célèbres, ils firent décider en assemblée générale que Pasquier serait chargé de la cause.

Versoris devait plaider pour les Jésuites.

Les plaidoiries allaient présenter un des plus grands spectacles qu'eussent encore offerts les audiences du Parlement. Pasquier comprit toute l'importance de la mission qui lui était confiée. Il ne fit pas de la question une lutte mesquine de la part d'un Corps en possession de quelques prérogatives, qui aurait seulement voulu s'en assurer *le monopole!* Mais, sans se préoccuper des intérêts de l'Université, sa cliente, ni de celui des professeurs qui lui étaient attachés, quoiqu'il leur rendît toute sorte d'honneur, il transporta la discussion tout entière dans la région la plus élevée du droit public.

— Placé au cœur même du débat, il rechercha *quels étaient* ceux qui se présentaient pour enseigner la jeunesse française? Ce qu'on devait craindre ou attendre de leur organisation?.... de leur but?... de leurs moyens d'action?... En un mot, il attaqua par sa base *l'institut même* des *soi-disant Jésuites*, et démontra leur profonde incompatibilité avec l'ordre politique, religieux et civil de la France. Il s'attacha surtout à produire dans l'esprit de ses juges la conviction que cette Société couvait dans son sein le germe de graves dangers pour le gouvernement et pour la tranquillité publique, par les divisions qu'ils ne manqueraient pas d'exciter entre les divers ordres de l'État, leur prétention étant de tout saper, pour se superposer à tout.

Tel est le sommaire de ses moyens [1].

Les Jésuites, voyant qu'ils ne pourraient l'emporter de haute lutte, parvinrent à faire *appointer* le procès ; il ne fut *repris* et ils ne furent *expulsés* que quelques années plus tard, après l'attentat de Jean Chatel sur la personne de Henri IV, en 1594. — Mais le plaidoyer de Pasquier n'en eut pas moins un retentissement prodigieux en France et chez l'étranger [2]. Il fut traduit dans toutes les langues de l'Europe. L'avocat avait, en réalité, défendu une cause publique. L'examen auquel il s'était livré avait le mérite d'être, à l'origine même de la question, aussi hardi que tous ceux qu'on a entrepris depuis. Et en effet, chaque fois que la question s'est reproduite, on est revenu, comme point de dé-

---

[1] Dans la note F j'en donne une analyse plus développée.

[2] Voyez notamment l'Histoire générale des Jésuites, de P. Wolf (*Allgemeine Geschichte der Jesuiten*), t. I, liv. IV, p. 150. Zurich, 1789-1792, 4 vol. in-8°.

part, à ce plaidoyer et aux raisons sur lesquelles il est fondé.

L'Université eut ainsi l'honneur de se présenter dans cette lutte, non comme poursuivant un intérêt restreint aux priviléges étroits d'une Corporation, mais comme défendant les plus chères maximes de l'État : et Pasquier, dans sa péroraison, ne fit que lui rendre justice, en disant aux magistrats avec autant de force que de dignité :
« La cause qui se traite maintenant, Messieurs, ne
« regarde point tant le corps de l'Université que
« l'intérêt de vous et de vos enfants, bref, de toute
« la postérité. Et si toutes ces remontrances ne
« vous émeuvent, nous appelons pour conclusion
« de notre plaidoyer Dieu à témoin, et protestons
« à la face du monde, que nous n'avons failli à
« notre devoir, afin que, *si nos craintes se réali-*
« *sent,* au moins la postérité connoisse que ce
« siècle n'a été dépourvu d'hommes qui de longue
« main *ont prévu la tempeste future!* Espérons
« donc que nos petits-neveux se souviendront que
« l'Université de Paris, la première en France et
« de l'Univers, ne fut jamais lasse et ne se lassera
« jamais de combattre toute sorte de secte et de
« novalités, premièrement pour l'honneur de Dieu
« et de son Église, puis pour la majesté de nostre
« Prince, et finalement pour le repos et la tran-
« quillité de l'État. »

Pasquier mit le sceau à la gloire qu'il venait de s'acquérir, par un désintéressement dont le Barreau, dans tous les temps, offrit de notables exemples. Il refusa les honoraires [1] que lui envoyait l'Université reconnaissante, disant : « qu'il « étoit son nourrisson, et que tout le temps de « sa vie seroit à son service. »

Par cette plaidoirie, la réputation de Pasquier se trouva si bien établie au Palais, qu'il continua d'y rester (G). Quelques années après (en 1576), il plaida encore dans une cause d'éclat, celle de la ville d'Angoulême.— Après la *paix des princes,* le roi Charles IX avait concédé à son frère, à titre de gages ou places de sûreté, plusieurs villes et entre autres la ville d'Angoulême. Cette ville, humiliée autant qu'alarmée de cette *capitulation,* refusa de sortir des mains du souverain pour passer dans celles du Prince : elle allégua ses priviléges, et demanda que les causes de son opposition fussent jugées par le Parlement de Paris. A cet effet elle y député des commissaires, et Pasquier fut chargé de plaider. Les gens du Roi s'y opposèrent, disant que ce n'était pas le cas d'admettre des plaidoiries, parce que le refus de la ville d'obéir aux ordres du Roi, constituait *un crime de lèse-majesté, dans lequel le ministère d'avocat n'était pas reçu.* Les commissaires répondirent que l'affaire dont ils étaient chargés était, non une cause criminelle, mais une cause civile et politique, où la ville alléguait son droit et demandait à l'établir; qu'au surplus « ils n'avaient charge de parler que par l'organe d'un avocat. » — Sur cet incident la

---

[1] « Une bourse de velours, contenant plusieurs escus. » *Lettres,* p. 650.

Cour ordonna que Mᵉ Pasquier serait entendu. Son plaidoyer est au tome II de ses OEuvres; on peut le lire avec intérêt encore aujourd'hui; il est écrit avec une vigueur qui prouve que, dans tous les temps, quand l'occasion lui en était donnée, le Barreau ne craignait pas de s'exprimer avec une courageuse liberté (H).

Suivant l'usage encore pratiqué par les avocats anglais qui suivent les assises des Comtés, Pasquier accompagna, en 1579, la commission du Parlement qui alla tenir les Grands-Jours de Poitiers. Il y resta même assez longtemps.

Mais en 1585, étant âgé de cinquante-six ans, il se résolut à entrer dans les fonctions publiques, déterminé par Henri III, qui le *gratifia*[1] d'une charge d'Avocat-général à la Chambre des Comptes. En 1588, il fut élu député aux seconds États de Blois, où tant de jurisconsultes célèbres furent envoyés. Il se trouvait ainsi mêlé aux affaires de l'État, et la grande connaissance qu'il en avait se révèle en plusieurs endroits de ses ouvrages.

On le voit particulièrement associé à deux actes du gouvernement qui lui font honneur.

En 1589, le Parlement de Paris étant au pouvoir des ligueurs, le Roi (Henri III) fut obligé d'instituer un autre Parlement à Tours, avec le petit nombre de magistrats qui avaient pu s'échapper de Paris, lors enclos de murailles, et qui avaient suivi sa fortune. Pasquier fut chargé de l'installa-

---

[1] *Lettre à son fils Nicolas Pasquier*, t. II, p. 674.

tion du nouveau Parlement. Dans son discours on ne le vit point s'exprimer en homme de parti ; il s'affligea des maux de la patrie, de cet exil du Roi et de la Magistrature, mais il parla des dissidents avec égards et en vue de les rallier plus tard à la cause du Roi. — Aussi après que Henri IV fut venu à bout de reprendre Paris (plus cruellement assiégé au dedans par les factieux que par les armées au dehors); lorsque ce Roi victorieux et conciliateur, ayant délibéré sur la recomposition du Parlement, se fut décidé à respecter *l'inamovibilité de la Magistrature*, et à conserver dans leurs places les membres du Parlement de la ligue, confondus avec ceux qu'il avait ramenés de Tours, Pasquier eut bien le droit de louer cette mesure et d'y donner, comme il le fit, son plein assentiment (J).

Trois de ses fils servaient dans l'armée de Henri IV; le plus jeune fut tué au siége de Melun. Les recommandations qu'il adresse à Pierre, qui venait d'être nommé capitaine, pour lui dire comment il devait se comporter dans ses nouvelles fonctions, mériteraient de servir d'instruction à tous ceux qui se vouent à la carrière des armes : « En cette charge, « lui écrit-il, je crains tout. Je ne parle point de « votre vie ;...... car, combien qu'elle me soit « chère, toutefois c'est la moindre partie dont je « fais estat. Bien désiré-je que ne la mettiez au ha- « sard sans sujet ;.... ce n'est pas chose incompatible « que d'estre sage et hardy ensemble..... Pour le ser- « vice de Dieu et du Roy, votre vie et votre mort vous « doivent être indifférentes; mais il faut ménager

« votre vie, non pour fuir la mort, ains pour la
« réserver à une entreprise dont il puisse revenir
« fruit à votre patrie. Surtout je crains en votre
« charge la foule et oppression du peuple (en ef-
« fet, il s'agissait de guerre civile). Je vous prie et
« vous demande, en tant que j'ay commandement
« sur vous, de penser que, si vous voulez que Dieu
« bénisse vos actions, il faut sur toutes choses es-
« pargner ce pauvre peuple qui ne peut mais de la
« querelle, et néanmoins en porte la principale
« charge. Quand je vous recommande le peuple,
« je vous recommande vous-même : les bénédic-
« tions qu'il nous donne sont autant de prières à
« Dieu. » (Livre XI des *Lettres*, page 287.)

En 1603, Pasquier, déjà vieux (âgé de soixante-quatorze ans), se démit de sa charge d'avocat du Roi en faveur de Théodore Pasquier, son fils aîné (K). Ces sortes de substitutions étaient assez fréquentes autrefois; ici du moins le fils était homme de mérite et capable de remplacer son père.

Le vieux jurisconsulte revint alors tout entier à ses livres et à ses études favorites, et il consacra le reste de sa vie aux lettres, jusqu'à sa mort arrivée le 31 août 1615, à quatre-vingt-six ans. On a remarqué, comme une singularité, qu'il se ferma lui-même les yeux. Il fut enterré dans l'église Saint-Séverin.

Pasquier était lié d'amitié avec tous les principaux personnages de son temps, et entretenait avec eux une docte correspondance (L). Il était particulièrement ami de Pierre Pithou et de Loisel, l'un et l'autre ses condisciples, comme lui avocats, attachés de cœur à Henri IV, fonctionnaires publics après son avénement, tous trois enfin hommes de lettres autant que jurisconsultes, catholiques sincères et défenseurs non moins zélés des libertés de l'Église nationale et des principes conservateurs de l'État (M).

C'est sous le nom de Pasquier que Loisel a publié l'écrit demeuré célèbre sous le titre de *Dialogue des Avocats*. L'occasion qui a donné lieu à ce dialogue « fut la division qui arriva dans « le Palais au mois de may de l'an 1602, auquel « temps la Cour ayant résolu en une mercuriale de « faire garder aux avocats l'article 161 de l'ordon- « nance de Blois, qui n'avoit jamais été observé, « et par lequel il est dit en ces termes : *Que les « advocats seront tenus signer les délibérations et « autres escritures qu'ils feront pour les parties, « et au-dessous de leur seing, écrire et parapher de « leur main ce qu'ils auront reçu pour leur salaire, « et ce sous peine de concussion ;* les advocats s'of- « fensèrent si fort de l'arrêt qui fut rendu alors en « conséquence de cet article de l'ordonnance, par « lequel il fut *enjoint à ceux qui n'y voudroient pas « obéir de le déclarer, pour être rayés de la matri- « cule et fait défense de plus exercer les fonctions « d'advocats ;* que s'estant assemblés jusqu'au nom- « bre de trois cent sept, en la chambre des consulta- « tions, ils résolurent tous d'une voix de renoncer « publiquement à leurs charges. Et pour cet effet « s'en allèrent à l'instant, deux à deux, au greffe « de la Cour, faire leur déclaration qu'ils quittoient

« volontiers la profession d'avocat, plutôt que de
« souffrir un règlement qu'ils estimoient si préju-
« diciable à leur honneur. Car ils disoient haute-
« ment qu'il estoit tout à fait indigne de leur pro-
« fession, de ravaler à la condition d'un gain
« mercenaire, l'honoraire qu'ils n'exigeoient pas,
« mais qu'on leur offroit volontairement en reco-
« gnoissance de tant de vertus et d'éminentes qua-
« litez nécessaires à un bon advocat, et principale-
« ment de l'éloquence. »

Tel est le prologue de Loisel.

Ce n'est pas assurément que j'approuve tout ce que l'histoire nous rapporte de ces démissions combinées, de ces refus concertés de remplir ses fonctions, soit de la part des avocats, soit aussi quelquefois de la part du Parlement, qui se croyait en droit d'arrêter le cours de la justice, ou de l'Université qui suspendait ses leçons.... — Toutefois, il est vrai de dire, que souvent il y a quelque chose de respectable dans ces émotions qui troublent et agitent toute une Compagnie, et qu'il importe bien en pareille occurrence de discerner si les esprits ne sont mus que par un mouvement de vanité ou d'intérêt qu'on peut impunément braver, ou s'ils ont pour mobile un sentiment de délicatesse et d'honneur qu'il faut savoir respecter. L'esprit de parti est souvent injuste, ou même violent; l'esprit de corps n'est pas toujours exempt de petitesses et de vaines susceptibilités; mais fréquemment aussi il est le principe de nobles mouvements que l'autorité supérieure n'a pas toujours cru au-dessous d'elle de ménager, et que la prudence des Cours a quelquefois appréhendé de froisser dans les Corps qui leur sont attachés comme auxiliaires. — C'est ce qui arriva en 1602; le Parlement revint sur son arrêt, et il ne fut plus question de l'article 161 de l'ordonnance de Blois, à qui, du reste, les avocats reprochaient, avec raison en la forme, « qu'il avoit été « glissé dans l'ordonnance sans avoir été délibéré « par les Estats. »

Loisel prend texte de cet événement pour remonter aux origines de la profession d'avocat; il se donne pour interlocuteurs Pithou, Pasquier, et les deux fils de celui-ci, jeunes avocats dont il se sert *pour interroger curieusement les Anciens.*

Loisel lui-même, après les avoir mis aux prises, s'adresse tout à coup à Etienne Pasquier, et lui dit : «....Mais, puisque nous en sommes venus si « avant, nous voudriez-vous faire ce bien, vous qui « avez été si longtemps et avec tant d'honneur au « barreau, et si soigneux *de rechercher les antiqui-* « *tez et singularitez de notre France,* de prendre la « peine de nous dire ce que vous avez pu entendre « et cognoistre de l'Ordre des Avocats du Parle- « ment? J'entends de leur première institution et « progrès, de l'honneur et dignité de leurs charges, « et particulièrement nous dire leurs noms, et re- « marquer ceux qui ont paru et tenu quelque rang « entre eux, et chacun d'eux en leur temps; non « que je veuille vous prier de parler de ceux qui sont « vivants, ny pareillement de vous, estimant l'un

« aucunement importun, et l'autre un peu trop
« curieux, et par adventure périlleux et sujet à en-
« vie, en jugeant peut-être autrement d'eux qu'ils
« ne voudroient, ou que d'autres n'estimeroient... »

Ainsi pressé par Loisel, Pasquier demande *terme et délai* jusqu'au dimanche suivant pour se recueillir et rassembler ses matériaux, et il promet pour ce jour-là de satisfaire à la curiosité de ses amis.

De là, en effet, est sortie la plus intéressante histoire que nous ayons de tous les hommes qui, depuis l'établissement du Parlement rendu sédentaire, ont illustré le Barreau et la Magistrature Il n'était pas possible de les séparer en deux classes, car, dans les trois premiers siècles de leur existence simultanée, il n'arrivait guère qu'on se fît magistrat sans avoir longtemps et sérieusement exercé la profession d'avocat.

Pasquier était un homme d'un caractère net et bien décidé : il avait un esprit ferme, une raison éclairée. Dans les troubles religieux on le trouve immuable dans sa foi, fortement attaché au Saint-Siége comme centre de l'unité catholique; mais il n'aime pas les entreprises, les usurpations de l'ultramontanisme; il déteste et repousse le joug des moines, il abhorre leurs intrigues, il signale leurs empiétements; en un mot, il tient avec une égale force aux libertés de l'Église gallicane (N) et aux maximes qui garantissent l'indépendance de la Couronne de France, la liberté des citoyens, la dignité du pays.

Fidèle serviteur de Henri III, partisan déclaré

de Henri IV, il assista à la réconciliation de ces princes, et, suivant une de ces expressions pittoresques dont son style est fréquemment parsemé, son cœur tout français *se sentit ému d'un heureux augure*. Il seconda de tout son pouvoir les mesures qui devaient amener le rétablissement de l'ordre et la paix dans l'État. Il a mérité un éloge qui honore aussi le caractère public dont il était revêtu ; on a dit de lui : « Il aimait le Roi ; mais c'était d'un amour « de magistrat, et non pas d'un amour de courti-« san. » Pour justifier cet éloge, il suffit de rapporter le trait suivant : « Un jour qu'il avoit l'honneur de « faire à Henri IV des remontrances sur quelques « fâcheux édits envoyés en la Chambre des Comptes « pour y être vérifiés, il lui advint de dire, que « depuis la réduction de la ville de Paris, ceux qui « étoient près du feu Roi vouloient *rétablir son état* « *par les mêmes voies que ce Roi avoit perdu le* « *sien* (O). »

Quant aux Ouvrages que nous a laissés Pasquier (P), les plus dignes de fixer l'attention des hommes sérieux, sont : ses *Recherches* et son *Pourparler du Prince*, dont j'ai déjà donné un aperçu.

On a reproché aux *Recherches* de Pasquier de manquer de plan et de critique. — Quant au plan, il faut considérer qu'il n'a point prétendu écrire un corps d'histoire, mais seulement une suite de chapitres détachés sur divers sujets.— Son érudition manque quelquefois de critique, il est vrai ; c'est-à-dire, qu'avec une critique meilleure, on a pu relever quelques erreurs où il était tombé; et encore, on peut voir dans Bayle que ces remarques se réduisent à des points peu importants.

Pour le fond même de l'ouvrage, son mérite ne saurait être contesté. L'origine et l'histoire de tous les établissements civils et religieux, et des grands corps de l'État, y est curieusement tracée, surtout à dater de la troisième race. Les recherches touchant notre langage et nos mœurs, ont aussi de l'attrait. Tout cela est devenu vulgaire à force d'avoir été copié dans tous les livres qu'on a faits depuis [1] et répété dans la conversation habituelle; mais il n'en a pas moins le mérite d'avoir, le premier, rassemblé ces documents, et tout incomplets qu'ils sont, il faut lui en savoir gré.

Pasquier d'ailleurs se recommande dans cet ouvrage par des qualités qui font honneur au livre et à l'auteur. Ce qui se fait remarquer en lui, dit un de ses biographes, « c'est un amour filial pour « la France, un attachement sincère pour toutes les « institutions qui avaient contribué à mettre l'ordre « dans le pays; un penchant marqué pour l'autorité « royale qui, pour parler son langage, fut le pre-« mier auteur de *nos grandes polices* et de nos li-« bertés. » Il était de cette école vénérable de jurisconsultes et de magistrats qui tous auraient pu s'appliquer en commun cette noble pensée que l'on trouve écrite dans le testament de P. Pithou :

---

[1] Pasquier s'en plaignait déjà de son vivant dans une lettre à l'un de ses amis : cela fut même cause du retard qu'il apporta à la publication des derniers livres de ses *Recherches*.

« Pour fermer la bouche aux plus audacieux,
« pour lier les mains aux plus scélérats, je n'ai
« rien vu, rien connu de plus fort, de plus puis-
« sant, de plus efficace, que la sainte majesté des
« lois, de la justice et de l'équité ! »

Le style de Pasquier a souvent ce charme de naïveté qu'on trouve dans ses contemporains, Amyot et Montaigne. Peut-être même se croyait-il supérieur à celui-ci, auquel il reproche ses *locutions gasconnes*, rendant du reste grande justice à son esprit « et n'ayant, dit-il, nul livre « entre ses mains tant caressé que les *Essais*. » Toujours est-il que, jusqu'à Pascal, qui écrivait un demi-siècle après eux, on ne trouve dans aucun de nos prosateurs un style plus piquant, plus animé, plus richement semé de traits naïfs, d'expressions saillantes, de tournures tour à tour pleines d'abandon ou d'énergie, et de ces phrases qu'on aime à citer en texte, parce qu'on ne pourrait les traduire en d'autres termes sans en altérer ou en affaiblir le sens (Q).

Après le siècle où vivait Pasquier, sont venus d'autres magistrats, nourris d'études plus parfaites, dont les manières moins rudes s'adoucirent avec l'urbanité des règnes qui suivirent ; mais, du reste, continuateurs assidus de l'œuvre de leurs devanciers, imbus des mêmes traditions, défenseurs des mêmes maximes.

M. Gilbert de Voisins, que la mort nous a ravi il y a peu de mois, appartenait à l'une de ces illustres familles. En tête de sa généalogie figure Jacques Gilbert, mort en 1322; ensuite Jean Gilbert, Seigneur de Voisins, conseiller au Parlement en 1360; et dès l'année 1413, nous voyons Robert Gilbert, premier président du Parlement de Paris. — Le plus célèbre des magistrats de cette race fut Pierre Gilbert de Voisins, avocat-général de 1718 à 1739 (R). Il eut à traverser les temps difficiles où s'allumèrent les querelles religieuses et les réactions que fit naître la bulle *Unigenitus*. Comme ses prédécesseurs, il eut en plusieurs rencontres à défendre les droits de l'Église de France et ceux de la Couronne contre les hardiesses des ultramontains. Ce fut sur ses conclusions que le Parlement rendit, le 22 juillet 1729, l'arrêt portant suppression et défense de faire usage d'une feuille imprimée et envoyée de Rome, pour *l'office de Grégoire VII*. Le réquisitoire de M. Gilbert de Voisins, imprimé avec l'arrêt, porte principalement sur les termes élogieux dans lesquels la légende de ce pontife donnée par Benoît XIII, parle de l'excommunication de l'empereur Henri IV.

« On savait, dit ce magistrat, que Grégoire VII,
« si célèbre par ses différends avec l'empereur
« Henri IV, est celui des papes qu'on a vu pousser
« le plus loin les prétentions ultramontaines ;
« mais on ne s'attendait pas à voir entrer dans son
« éloge, et célébrer dans un office ecclésiastique,
« l'excès où le conduisirent des principes si dan-
« gereux.... Est-ce donc le chef-d'œuvre de son
« zèle d'avoir entrepris de priver un roi de sa
« couronne et de délier ses sujets du serment de

« fidélité ? et pouvons-nous voir sans douleur, « qu'on appuie sur un fait si digne d'être enseveli « dans l'oubli, les titres qu'on lui donne de défen- « seur de l'Église, de restaurateur de sa liberté, de « rempart de la maison d'Israël ?... Souffririons- « nous qu'à la faveur de ce prétendu *Supplément* « *du bréviaire Romain*, on mît dans les mains des « fidèles ce qui tend à ébranler les principes in- « variables et sacrés de l'attachement des sujets à « leurs souverains, et ce qui blesse *les maximes que* « *l'on a toujours maintenues dans ce royaume très-* « *chrétien, avec la constance la plus invincible ?* »

Vous voyez, Messieurs, qu'à cette époque plus prévoyante peut-être que la nôtre, plus jalouse, en tous cas, de la conservation de certaines libertés, et plus intelligente assurément dans la manière de les défendre, on ne regardait pas la *liturgie* comme chose indifférente; et cela prouve, même pour le temps actuel, qu'il vaut mieux s'en tenir aux livres usités dans les églises de France, que d'emprunter des pages toutes faites à des livres étrangers ! (S.)

Notre collègue M. Gilbert de Voisins, né le 23 avril 1773, arrière-petit-fils de l'avocat-général, était appelé à suivre la carrière de ses ancêtres; mais son père, président à mortier au Parlement de Paris, après en avoir été greffier en chef, était tombé victime du Tribunal révolutionnaire en novembre 1793. Tous ses biens furent confisqués, et une perte plus regrettable encore fut celle d'une immense bibliothèque de famille qui fut presque entièrement dispersée.

Le jeune Gilbert de Voisins, forcé de s'expatrier à l'âge de dix-huit ans, rentra en France dès qu'il le put, c'est-à-dire, à l'époque du Consulat. En 1805, il entra dans les fonctions publiques, et débuta par la place de Juge suppléant au Tribunal de la Seine, comme ses pères avaient débuté au Châtelet de Paris. En 1807, il devint Conseiller à la Cour Impériale; en 1811, Président de Chambre; et en 1812, Maître des Requêtes au Conseil d'État.

Napoléon, à son retour de l'île d'Elbe, le nomma Pair de France et Conseiller d'État. Appelé au poste de premier Président de la Cour d'appel de Paris, il y apporta, sans doute, avec cette noblesse de maintien inhérente à sa personne, toutes les vertus du Magistrat, mais sans pouvoir toutefois nous faire oublier son prédécesseur.

La seconde Restauration, qui survint presque aussitôt, lui enleva toutes les dignités dont il était revêtu; et ce n'est qu'en 1830 qu'il est redevenu Pair de France, et qu'il a été nommé Conseiller à la Cour de Cassation, membre du conseil privé du Roi, et colonel de la septième légion de la garde nationale, où son courage ne fit jamais défaut.

M. Gilbert de Voisins se faisait remarquer par une grande douceur de mœurs, et une sorte de laisser aller qui semblait exclure l'énergie du caractère, mais qui cependant ne détruisait pas en lui un ferme attachement à des opinions qu'il regardait comme des principes. Quoique cruellement froissé par la Révolution, il ne méconnut pas ce que les chan-

gements opérés avaient produit d'utile à la France. Ruiné par les confiscations qui lui avaient enlevé une fortune de 7 millions, il vota contre la loi d'indemnité qu'il regardait comme une loi de réaction. Au milieu même de sa détresse, il n'en était pas moins, autant qu'il le pouvait, généreux et bienfaisant. — *Fidèle à ses traditions de famille*, on le vit, à une époque où la Société fameuse qu'avait combattue Pasquier cherchait à profiter de la restauration Royale pour opérer sa restauration propre, publier en son nom un volume dont il avait retrouvé les éléments dans les débris des archives de sa maison, et qui parut en 1823, sous le titre de : « *Procédure*
« *contre l'Institut et les Constitutions des Jé-*
« *suites*, suivie au Parlement de Paris, sur l'ap-
« pel comme d'abus interjeté par le Procureur
« Général; recueilli par un membre du Parle-
« ment. » (C'était son bisaïeul.) — Dans une préface courageuse, M. Gilbert de Voisins expose avec une énergique concision les motifs qui l'ont porté à faire cette publication (T).

« C'est le devoir d'un bon citoyen, dit-il, de
« remettre sous les yeux du public les motifs qui
« réunirent contre les Jésuites tous les Parlements
« du Royaume, toutes les Universités, une portion
« nombreuse du Clergé, et une foule d'hommes
« recommandables par leurs principes religieux et
« monarchiques, parce que *les dangers qui résul-*
« *teraient de leur influence actuelle* seraient beau-
« coup plus grands qu'à l'époque de leur destruc-

« tion,..... (les moyens de résistance n'étant plus
« les mêmes.) L'histoire, l'impartiale histoire,
« ajoute-t-il, dira que les Jésuites ont causé plus
« de maux aux Peuples, et fait tomber plus de rois
« de leurs trônes, que les assemblées populaires
« les plus violentes. »

Et il en donne la raison : — « Les Jésuites servent
« les gouvernements et l'Église, quand l'Église et
« les gouvernements leur sont soumis; mais si
« l'Église et les gouvernements ne font pas tout ce
« qui leur plaît, ils en deviennent les plus dange-
« reux et les plus cruels ennemis. »—De sorte qu'il
n'y a d'autre alternative que de périr par eux,
ou à cause d'eux; il faut opter entre un joug et
un péril.

M. Gilbert de Voisins est mort à Paris le
20 avril 1843, dans les sentiments d'une sincère
piété.

Huit jours après (le 28 avril), nous perdions
M. Rupérou.

Il avait près de quatre-vingts ans, étant né le
25 juin 1763, à Châtelaudren, en Bretagne.

A défaut d'ancêtres qui pussent lui servir de mo-
dèles et d'encouragement, il eut pour exciter son
émulation les hommes célèbres que la Bretagne a
produits. De tout temps, en effet, cette province a
fourni un noble contingent de Jurisconsultes et de
Magistrats. Pour l'ancien droit, d'Argentré, Hervé,
Hévin, Poullain-Duparc; parmi les modernes,
Toullier, Carré, Boulay-Paty; dans les hommes de
lutte et de courage, Lanjuinais, La Chalotais, dont

la mémoire a été défendue sous la Restauration par l'un de vous, M. le conseiller Bernard.

Avant la Révolution, M. Rupérou était avocat au Parlement de Bretagne et docteur en droit de la Faculté de Rennes. En 1788, il était président de la sénéchaussée de Guingamp. — Dès 1791, il fut élu membre du directoire du département des Côtes-du-Nord. Bientôt après, obligé de se soustraire à un mandat d'arrêt, c'est-à-dire un mandat de mort lancé contre lui par Carrier à la fin de 1792, sa fuite le fit mettre hors la loi. Il resta, comme Lanjuinais, caché pendant treize mois et demi que dura la terreur.

Après le 9 thermidor, on le nomma procureur général du département des Côtes-du-Nord; et en vendémiaire an IV, il fut élu, par le collége électoral de ce département, membre du Tribunal de Cassation[1]. Ses fonctions devaient cesser en l'an VII, aux termes de la loi; mais il fut de nouveau nommé membre de ce tribunal, le 1er floréal an VIII, lors de la réorganisation judiciaire qui suivit la loi de ventôse, et il a gardé les mêmes fonctions jusqu'au jour de sa mort, c'est-à-dire qu'il est resté parmi nous quarante-sept années, sans mélange d'autres fonctions que celles de député, qu'il remplit cumulativement, de 1815 jusqu'à la fin de 1820, à la suite de trois élections consécutives.

Vous l'avez toujours vu, Messieurs, magistrat

---

[1] J'aime à constater ici la liaison intime qu'il contracta à cette époque avec M. Dupin, mon oncle, élu comme lui membre du Tribunal de Cassation par le département de l'Hérault, en l'an IV.

zélé, patriote sincère, apportant dans ses opinions la fermeté d'un vrai Breton, simple dans ses manières, bon et fidèle ami. C'est un grand bonheur d'avoir vécu dans l'intimité de pareils hommes; malheureusement chaque année, la mort nous en ravit quelques-uns, et il semble toujours que ce soient les meilleurs !

Depuis treize ans, la Cour a vu disparaître les trois cinquièmes de ses membres; elle n'en a guère eu qui comptassent des services plus nombreux que M. Rupérou; aucun, un seul excepté, n'en comptait de plus longue durée.

Honorons nos Vieillards, Messieurs; révérons ces hommes vraiment dignes du nom de Sénateurs, qui ont traversé la vie en laissant sur leur passage la noble trace de leurs actes et de leurs vertus ! Adressons des vœux au Ciel pour conserver long-temps ceux que nous voyons encore à notre tête ! Ces Magistrats, dont les cheveux ont blanchi sous la pourpre, sont l'éternel honneur des Compagnies judiciaires ! Leur seule vue inspire le respect ! A leur grand âge s'attache l'idée d'une longue expérience acquise par de longues études, fortifiée par la connaissance des hommes et le maniement des affaires. On trouve en eux moins de passion, plus de bienveillance et de douceur, plus de cette affection devenue pour ainsi dire paternelle, et qui, réciproquement, fait naître, chez ceux qui les approchent, le sentiment d'une vénération toute filiale. N'oublions pas surtout que ce sont eux, vétérans de la science et du devoir, qui ont puissamment travaillé à élever cet imposant édifice de la jurisprudence moderne, et acquis à la Cour de Cassation cette haute réputation que vous êtes chargés de continuer.

Nous requérons, POUR LE ROI, qu'il plaise à la Cour admettre les Avocats présents à son audience à renouveler leur serment.

La Cour donne acte à M. le Procureur Général de ses réquisitions.

M. le Président Boyer prononce ensuite la formule du serment, ainsi conçue :

Vous jurez fidélité au Roi des Français, obéissance à la Charte constitutionnelle et aux lois du Royaume, et de vous conformer aux règlements concernant votre profession.

Sur l'appel fait par le greffier en chef des membres du Conseil de l'Ordre de MM. les avocats de la Cour, chacun d'eux répond : *Je le jure.* M. le Procureur Général présente ensuite la statistique des affaires jugées par la Cour de Cassation pendant l'année 1842. La Cour donne acte de cette présentation, et l'audience est levée.

TABLE DES NOTES.

A. De la *clarté* dans l'enseignement.
B. Grands magistrats pris dans l'Ordre des Avocats.
C. Matières traitées dans les *Recherches* de Pasquier
D. Sommaire analytique du *Pourparler des Princes*.
E. Les quatre Pasquier.
F. Analyse des principales raisons alléguées contre les Jésuites par Pasquier.
G. Insultes dirigées par les Jésuites contre la personne et la mémoire d'Étienne Pasquier.
H. Plaidoyer de Pasquier pour la ville d'Angoulême.
J. De la famille d'Étienne Pasquier.
K. Discours pour la réintégration du Parlement.
L. Sur les *Lettres* d'Étienne Pasquier.
M. Éloge de Guy Coquille mérité par Pasquier.
N. Des libertés de l'Église gallicane en 1843.
O. Pasquier résistant à l'enregistrement d'un édit envoyé à la Chambre des comptes.
P. Les OEuvres d'Étienne Pasquier.
Q. Pasquier, Montaigne et Pascal considérés comme écrivains.
R. Sur Pierre Gilbert de Voisins, avocat-général au Parlement.
S. De la liturgie et des bréviaires.
T. Note complémentaire de l'éloge de M. Gilbert de Voisins, conseiller à la Cour de Cassation.

NOTES.

A.

Page 5. — Le mérite de *la clarté* dans l'enseignement est très-bien apprécié dans un extrait de la biographie de Garat, écrite par lui-même et récemment publié.

« Je savais, dit-il, combien les vérités importantes et étendues « sont difficiles à découvrir; combien les vérités découvertes sont « difficiles à démontrer; combien les vérités démontrées par une « analyse rigoureuse sont difficiles à présenter aux hommes *avec* « *cette clarté* qui les dispense d'une longue attention, et avec ce « charme qui les récompense d'une attention passagère. » — Cujas avait ce double avantage; ses explications en elles-mêmes étaient parfaitement *claires,* et il les donnait dans la langue du droit avec un style si coulant que d'Aguesseau, ce grand maître dans l'art d'écrire, a pu dire de lui, « qu'il avait écrit en latin « mieux qu'aucun moderne, et peut-être aussi bien qu'aucun « ancien. »

B.

Page 6. — En preuve de ce qu'il avance, Loisel cite les noms qui suivent : « François Olivier, qui lors (en 1551) estoit chancelier, avoit esté advocat, et depuis premier président; comme auparavant messire Antoine du Prat, et Guillaume Poyet, chanceliers de France, et messire François de Montholon, garde des sceaux; messire Pierre Lizet estoit aussi lors premier président, lequel avoit esté advocat du roi et grand advocat du commun, au lieu duquel fut mis Jean Bertrand, quart président, et en son lieu messire Gillet le Maistre. Messire Antoine Minard estoit pareillement président, qui avoit aussi esté advocat. Ledit sieur le Maistre, et Gabriel de Marillac, advocats du roy, et M. Noël Brulart, procureur-général, *tous auparavant advocats des parties.* » *Dialog. des avocats,* p. 203 et 204. — Il en faut dire autant de Pierre Séguier, des Molé, des Lamoignon, d'Omer Talon, des Joly de Fleury. Les plus illustres membres de ces grandes familles parlementaires ont tous traversé le barreau pour arriver aux plus hautes magistratures.

C.

Page 10. — On peut juger, par le sommaire des titres des *Recherches*, de l'importance et de la variété des sujets qui y sont traités. — Livre 1er, *Établissement des Français, premières origines de la nation.* — Livre II, *Magistratures et Dignités, Parlements, États Généraux,* etc. — Livre III, *Affaires ecclésiastiques: Puissance des papes, Libertés de l'Église Gallicane.* — Livre IV, *Jugements, procédures, costumes,* etc. — Livre V, *Diverses questions d'histoire, notamment sur les règnes de Frédégonde et de Brunehaut.* — Livre VI, (ce livre est fort mélangé). — *Procès célèbres.* — *Connétable de Bourbon, Jeanne la pucelle; célèbres Bâtards, Bayard, famille d'Anjou, Bourgeois de Calais.* — Livre VII, *De l'origine de notre poésie française et de nos langues.* — *Versification latine.* — *Poésie provençale.* — Livre VIII, *Langue française, explication de plusieurs mots et façons de parler.* — Livre IX, *La France littéraire, l'Université, les Études.*

D.

Page 10. — Voici le titre de cet opuscule : « *Pourparler du* « *Prince*, dans lequel, après avoir, sous quatre divers personnages, « discouru (en forme de dialogue) trois diverses opinions, sur le « soin que le magistrat souverain doit avoir au maniement de sa « république, enfin l'autheur se ferme en celle du politic qui est « *l'utilité publique*, à laquelle le prince doit rapporter toutes ses « pensées, et non de s'advantager en particulier, à la foule et op- « pression de ses sujets. »

Les quatre interlocuteurs se nomment *l'Escolier, le Curial, le Philosophe, le Politique.*

L'Escolier est un homme de lettres qui voudrait que le chef de l'État fût une sorte de bel esprit, entièrement adonné à la lecture des livres et au commerce de ceux qui les font, pour tirer de leur bienveillance force louanges propres à engendrer la gloire et la popularité.

Le Curial (c'est-à-dire l'homme de cour) s'impatiente et l'interrompt brusquement, « Bien, dit-il, par là nous ferons comme « aux colléges, nous viendrons au degré de philosophie; or ça donc, « Philosophe, c'est à toi de parler! »

Le Philosophe ne se le fait pas dire deux fois; il donne sa recette. Il faut, suivant lui, qu'un roi soit philosophe, afin de pouvoir supporter patiemment la mauvaise comme la bonne fortune. A ce sujet, il débite une suite de sentences et de lieux communs empruntés aux sages de la Grèce, et, *reprenant la question de Platon tant rechantée depuis sa mort*, il s'écrie : « O! qu'heureux seront « les royaumes èsquels tels philosophes régneront! »

L'homme de cour n'y tient plus : il interrompt celui-ci comme il avait interrompu le premier, et il entreprend de les réfuter. — Il reproche au lettré d'avoir voulu fonder un système de gouvernement, non sur des arguments positifs, mais sur *un fleuretis de paroles*... « Ce sont, dit-il, lieux communs extraits de ces vieux harangueurs et pies caquetoires de Rome. » — Il loue l'austérité du philosophe, mais il lui dit : « Je voudrais, conseiller, que tu commençasses par toi, exécutant tes préceptes, *desquels tu es si prodigue envers les roys.* » — Donnant ensuite son avis, il dit sans plus de façon « que les rois ne sont nés pour les peuples, mais que *les peuples sont nés pour eux !* » Partant, un roy doit en faire à son bon plaisir, tantôt par les lois, et tantôt par les armes. Et d'abord par les lois, sachant en user avec dextérité, les changeant comme la monnaie, et les tournant et retournant à son profit, « de manière à gagner toujours quelque advantage sur ses sujets, voire même se servir des loys pour se libérer de ses dettes... » Ce qu'il appelle « faire *un nez de cire à la loy*, la tirant chaque législateur à l'advantage de luy et de ses favoris. » — « Toutefois, pour autant qu'à la longue le peuple pourroit découvrir cette supercherie qui le pourroit induire en quelques révoltes, mesmement si ces gentillesses n'estoient *palliées de quelque nécessité*, est requis avoir recours au second but, qui sont les armes !... »

Le Politique blâme tous ces systèmes. Suivant son opinion, un roi doit avoir les lettres en honneur, et les savoir *non par excès et seulement par ornement*. Il faut aux rois de la philosophie, *non pas spéculative, mais pratique*; devant s'attacher *au bien faire, plus qu'au bien dire*. Il leur faut *philosopher sobrement*. — « Le prince doit se montrer peu touché de son intérêt personnel, « son plus grand soing et pensement doit être *l'utilité publique*.

« C'est une reigle assurée qui est requise en toute république « bien policée, que le peuple soit sujet au magistrat, et le ma- « gistrat à la loy. » — Un roi ne doit pas gouverner par la violence ;... celle-là n'est de durée. — Il n'aime point non plus « quand le bien public est du tout rapporté au profit particulier « du maître, lequel toutefois sous honnêtes prétextes fait sem- « blant d'entretenir en leurs libertés et franchises ses subjects,... « de manière que la conclusion de tous conseils et advis dépende « de la volonté de lui seul. Le peuple se pourroit induire à révolte « étant pipé sous telles hypocrisies. » — « Lorsque les rois, con- « tinue *le Politique*, pensent être plus grands pour rapporter tout « à leur personne, c'est alors qu'ils sont plus petits. »

Quant aux armes, un prince ne doit pas envier le bien de ses voisins, ni guerroyer sans motif. *Le Politique* loue « la maison « d'Autriche qui, dit-il, ne fait que de naître, et qui a plus gagné « par traités de mariage que par les guerres. » (*Tu, felix Aus-*

tria, nube.) — « Il vaut mieux batailler pour les bonnes lois,
« que pour les murs d'une ville, parce que les villes sans remparts
« peuvent par la vaillantise des citoyens, faire front à leur en-
« nemy; mais, sans loy, elles vont soudain en ruyne. » — « Or,
« quand je vous parle de loys, j'entends, non pas (comme tu fais,
« Curial), cette puissance que les tyrans exercent à leur particulier
« advantage, mais cette reigle qui nous apprend à tenir *tout en bon*
« *ordre*, et à faire justice à tous, aux petits comme aux grands. »

Quant à la philosophie de notre prince, voici, dit-il, ma conclusion : « Toutes choses sont mauvaises en un roy qui ne vise
« au bien public, car tout le but, dessein, projet et philosophie
« d'un bon roy ne doit être que l'utilité de son peuple; autre-
« ment, s'il veut tout attirer à soy en façon d'une éponge, il faut
« qu'il tombe en ruine à la fin. »

Il faut qu'un roi sache écouter et prendre conseil. Il loue nos
grands rois de ce que « malgré les changemens survenus dans
« les ordres de l'État, toutefois toujours a été tempérée la puis-
« sance du roi de France par les honnêtes remontrances des siens, »
remontrances qui portent « non seulement sur les obreptions dont
« la volonté des roys est susceptible, mais aussi sur la justice ou
« injustice d'icelles ; autrement (et s'il n'y avait ce moyen de con-
« trôle), sous l'ombre d'une clause dérobée, plusieurs favoris
« *feroient d'une passion une loi.* »

Le Politique s'élève contre l'abus des confiscations, des dons
excessifs, des prodigalités de cour, et de tout ce qui constitue la
dilapidation de deniers publics. Il condamne avec énergie ceux
« qui usent du fisc comme du leur, *faisant du dommage public*
« *leur revenu particulier.* » — On retrouve là l'esprit d'ordre,
d'économie, de probité d'un magistrat de la Cour des comptes.
Aussi dit-il que, pour obvier à tant d'abus, « il est bon que par
« une police générale, il y ait en une monarchie des *gens probes*
« et *députés*, comme en une chambre des comptes, pour avoir
« connoissance de tels octrois, et ensemble de toutes autres choses
« qui pourroient contrevenir au public. » — ... N'est-ce point là,
par anticipation, le contrôle de la Chambre des Députés sur le
budget de l'État?...

Dans le plaidoyer pour la ville d'Angoulême, Pasquier traite
encore des diverses formes de gouvernement.

E.

Page 15. — Le nom de Pasquier se trouve en contact avec les
jésuites, sous des formes très-diverses. — Étienne Pasquier dans
son plaidoyer, remarque lui-même que « le premier recteur que
« les jésuites aient eu à Paris, se nommoit Pasquier Broët. » Mais
il ajoute aussitôt par forme de contre-poids : « Et tout ainsi qu'un

« Pasquier a été le premier qui a voulu planter cette secte super-
« stitieuse en cette florissante université, aussi que la postérité
« entende qu'un avocat portant le même nom de Pasquier, ait été
« le premier qui publiquement se soit estudié de nous extirper
« cette malheureuse engeance. » — Du reste, quoique portant le
même nom, Pasquier Broet ou Brouez, comme l'écrivent quelques autres, n'avait aucune relation de parenté avec l'adversaire
de son ordre.

L'auteur de l'article *Pasquier* dans la Biographie universelle
de Michaud, après avoir parlé d'Etienne Pasquier et de ses trois
fils, ajoute ce qui suit : « Cette famille, dont le nom avait été
« illustré par des vertus, des talents, et par la faveur des rois
« Henri III et Henri IV ; et qui avait occupé de grandes charges,
« s'était tout à coup éclipsée de la scène du monde politique, et
« n'avait plus paru dans nos cours souveraines, jusqu'au moment
« où un de ses descendants, *ayant reçu son éducation chez les
« jésuites*, rentra dans la magistrature, et devint procureur du
« roi au Châtelet puis conseiller au parlement. »

J'ajouterai enfin que c'est sous la présidence du chancelier actuel, *baron Pasquier*, que la Chambre des Pairs, dans sa séance du
15 mai 1843, a écarté par *l'ordre du jour* certaines pétitions, in-
jurieuses pour l'Université, et dans lesquelles on demandait que
l'enseignement public fût confié à *des corporations non autorisées*, ce qui, dans la pensée des pétitionnaires, eût impliqué *la liberté de l'enseignement même pour les jésuites*, et par conséquent
leur rétablissement de fait en France sous le contre-seing de l'instruction publique.

F.

Page 191. — *Analyse des principales raisons alléguées par
Pasquier contre les jésuites.* La société des Jésuites est incompatible avec les maximes du royaume et celles de l'Église gallicane. — En effet, les membres de cette étrange société font vœu
d'une obéissance passive, absolue et sans réserve, à un général
étranger ; ils se déclarent vassaux du saint siége, ne relevant que
de lui ; et par conséquent ils ne seraient pas sujets et citoyens de
l'État : on ne pourrait compter sur leur fidélité, ils n'existeraient
dans le royaume que pour en surprendre les secrets et les livrer au
dehors toutes les fois que l'intérêt de leur société l'exigerait.
« Les nourrissant au milieu de nous, ce seroit y introduire autant
d'ennemis jurés de la France, *dont nous sentirions les effets
aux premiers mouvemens que le malheur des temps nous pourroit apporter.* »

Ils contestent le principe de l'indépendance des couronnes ; ils
soutiennent que les papes ont le droit de déposer les souverains

et de délier les sujets de leur serment de fidélité. Ils ajoutent qu'au besoin on peut tuer *certains* rois......

Ils méconnaissent le principe admis par l'Église de France, la Sorbonne et les universités, *de la supériorité du concile général sur le pape*. — Ils font brèche à l'autorité des évêques, ne leur reconnaissant de pouvoirs que ceux qu'ils tiennent du saint siége, et cela au détriment de la mission divine de l'épiscopat. Enfin ils entreprennent sur les fonctions du clergé ordinaire, par des prédications non autorisées et par leur immixtion dans l'administration des sacrements.

Attaquant la distinction que les adversaires de l'Université s'efforçaient de créer entre leur Ordre, tel qu'il était établi *hors de France*, et la promesse qu'ils faisaient de laisser dormir leurs bulles *en France*, et d'y exercer *un simple collége*; Pasquier répondait que c'était « un faux-fuyant, une couleur pour décevoir « cette France afin de s'introduire, pour, après avoir mis un pied « en ce royaume, y mettre les deux [1], et lors entreprendre sur « tous Estats. » C'est aussi ce que disaient les auteurs de la consultation : « Les Jésuites avouent que ceux qu'ils entendent préposer à l'exercice de leur collége sont tirés du corps de leur Société; or, puisqu'il en est ainsi, ce seroit chose ridicule que le parlement n'approuvât leur *institut*, et néanmoins qu'il approuvât un *collége* qui seroit comme une *pépinière* en cette France pour aller ensuite aux autres pays étrangers transporter la secte desdits Jésuites. »

D'ailleurs, il est évident que leur immixtion dans l'enseignement de la jeunesse *n'est qu'un moyen d'asseoir leur domination* par l'art infini avec lequel, dès l'âge le plus tendre [2], ils s'insinuent dans l'esprit des jeunes gens de famille pour les attirer à soi, ainsi que leurs biens, dont ils se montrent fort avides, tandis que l'Université n'a nul intérêt à détourner les enfants de la carrière à laquelle leurs parents les ont destinés. —

[NOTA. Dans son *Catéchisme des Jésuites*, Pasquier développe sous plusieurs chapitres quelle est au fond la *spéculation* des Jésuites dans les efforts qu'ils font pour s'emparer de l'éducation de la jeunesse. — Voici le sommaire de ces chapitres :

Livre II, chapitre 4.... *Pourquoi nos anciens ne voulurent pas que les jeunes gens fussent instruits aux lettres par les moines.*

Chapitre 5. *De quel artifice les Jésuites s'enrichissent de la*

---

[1] La Fontaine l'a dit depuis :

Laissez-leur prendre un pied chez vous,
Ils en auront bientôt pris quatre.

[2] *Adeo in teneris assuescere multum est!*

dépouille de leurs novices — (en les amenant à eux *corps et biens*).

Chapitre 6. *Que la libéralité captieuse des Jésuites en l'instruction de la jeunesse a ruiné l'Université*. (Laquelle ne captant dons et legs de toutes mains ne peut donner l'instruction entièrement gratuite.)

Chapitre 7. *De ce que le jésuite se donne licence d'enlever de son collège les enfants du sein de leurs pères et mères sans leur permission*.

Sous le chap. 4, il donne le cadre d'un *tableau* que les recteurs de chaque collège sont tenus d'envoyer à Rome, au général des jésuites. Ce tableau, en sept colonnes, indique les différentes qualités de chaque élève, et la septième porte en tête : *Ad quæ societatis ministeria talentum habeat?* Ainsi tout aboutit à cette dernière colonne : *En quoi ce jeune homme peut-il être utile à notre société?* Et quand le général a bien examiné ces tableaux et les comptes annuels qui les accompagnent, s'il s'en trouve sur lesquels il ait jeté son dévolu, « il commande aux provinciaux ou « recteurs de ne laisser aisément envoler ces oiseaux de leur « cage. » Chap. 4, p. 212.

En preuve de son assertion, Pasquier rapporte les tristes doléances d'un père à qui l'on avait ainsi enlevé son fils, et qui, en sa présence, adressait les reproches suivants au recteur des jésuites : « *Je ne t'avois baillé mon fils pour en faire un* « *jésuite*, mais pour l'instruire aux lettres humaines, sans qu'il « fourvoyast de notre religion catholique, avec l'intention de le « faire successeur de ma volonté, de mon bien, de mon estat. « Mais où as-tu trouvé, méchant homme, qu'il te fust permis,... « par une dévotion contrefaite, par une parole hypocrite, de « suborner mon pauvre enfant pour le dérober à son père..... « en le détournant tant de la pratique de son père que de celle « du magistrat. » *Catéch. des jésuites*, liv. II, p. 246.

— Il cite encore l'exemple d'Ayrault, lieutenant criminel au présidial d'Angers à cette même époque, lequel n'ayant jamais pu, même avec un arrêt du parlement, ravoir son fils qui lui avait été *dérobé* par les jésuites, fut réduit, pour se consoler, à exhaler ses plaintes dans un traité qu'il composa sur la *puissance paternelle*. *Ibid.*, p. 244.]

Dans son plaidoyer, Pasquier insiste principalement sur la duplicité que les jésuites apportent dans la prestation de leurs vœux. Les uns dits de la grande observance, les autres de la petite ; *les grands vœux*, qu'on ne prête qu'à Rome, après un noviciat souvent très-prolongé, *et les petits vœux*, dont l'usage particulier est de lier les novices envers la société des jésuites, sans lier réciproquement la société envers eux ; vœux d'ailleurs fort commodes, qu'on peut faire sans rompre avec le monde, et qui n'empêchent pas d'y vivre et d'y demeurer, et surtout d'y succéder à ses proches, sauf à rapporter les biens à la société, si plus tard on juge à propos d'y entrer plus avant.

L'avocat de l'Université donne beaucoup de développements à cette distinction *entre les deux manières de gens dont se compose la société des jésuites*. Le passage, s'il n'était trop long, mériterait d'être rapporté en entier, car, mieux que toute autre, cette situation équivoque des *demi-jésuites*, afin d'en avoir plus aisément partout, est peut-être ce qui caractérisait le mieux l'esprit de cette société. Je citerai seulement la dernière phrase dans laquelle Pasquier fait sentir quelques-unes des conséquences *de ce petit vœu*, le vœu simple (qu'il appelle ailleurs *un vœu à petit semblant*.) — (*Catéch*., liv. III, chap. 10.) Il en résume ainsi les effets...... « Et cette même ordonnance fait que *toutes sortes
« de personnes* peuvent être de cette société; car comme ainsi soit
« qu'en cette petite observance, l'on ne fasse vœu ni de virginité,
« ni de pauvreté (singuliers religieux en vérité!), aussi ils sont
« indifféremment reçus, prestres et gens laïs; soit mariés ou
« non mariés; et leur est permis d'habiter avec le reste du
« peuple..... [1]; tellement que, suivant cette loy et règle, il n'est
« pas impossible de voir toute une ville *jésuite*. »

De tout cela, l'avocat de l'Université conclut que l'introduction des jésuites en France, quelque nom qu'on leur donne ou qu'on leur laisse prendre, et de quelques précautions qu'on croie pouvoir s'environner, serait extrêmement dangereuse; qu'elle serait une cause d'inquiétudes perpétuelles et de troubles sans cesse renaissants, dans l'Église et dans l'État; capable en un mot d'entraîner à sa suite des maux *dont on ne peut prévoir l'étendue*.

C'est ce que disait aussi l'évêque de Paris (Eustache du Bellay) dans le premier avis qu'il donna contre eux, en 1554. Il en redoutait « plusieurs inconvéniens *non prévus ni prémédités;* » et il ajoutait: « Comme ils s'annoncent comme ayant été institués
« pour prêcher les Turcs et les infidèles, il faudroit establir les-
« dites maisons et sociétés ès-lieux prochains desdits infidèles,
« ainsi qu'anciennement a été fait des chevaliers de Rhodes, qui
« ont été mis *sur les frontières de la chrétienté, non au milieu
« d'elle*. »

— Dans sa cause, l'Université n'était pas seule. Il y avait des intervenants que Versoris lui-même, avocat des jésuites, énumère ainsi dans son plaidoyer. « Pour l'intérêt de l'Église, en quoi
« M. l'évêque de Paris lui adhère, et aujourd'hui les curés; pour

---

[1] C'est pour cela qu'on a appelé ceux qui contractent ces premiers et foibles liens, des *jésuites de robe courte*, parce qu'il n'apparait de *la longue*.

« l'intérêt de l'Université, en quoi M. le cardinal de Chastillon,
« conservateur de ses priviléges, et le chancelier de l'Université,
« lui adhèrent; finalement pour l'intérêt public, en quoi elle a
« le prévôt des marchands pour adhérent. »

La requête des curés de Paris est remarquable par sa concision et son énergie. Elle se termine par cette réflexion : « Et si de « présent qu'ils ne sont reçus, ils usent de telles façons de faire, « *ils en feront bien d'autres à l'avenir!* [1] »

La Sorbonne avait été plus sévère. En donnant ses conclusions, dès l'année 1554, aux premières démarches faites par les Jésuites pour se faire admettre, elle avait présenté l'institut des Jésuites comme tendant « à l'oppression et à la vexation des peuples, et « ne pouvant occasionner que des troubles et des discussions, « causer des querelles, des plaintes, des disputes, des jalousies « et des chicanes;» et elle avait déclaré cette société «extrêmement « dangereuse en ce qui concerne la foi, ennemie de la paix de « l'Église, et plutôt née pour la ruine que pour l'édification des « fidèles. »

L'avocat-général Duménil porta la parole, et donna des conclusions en faveur de l'Université. Il blâma un peu les avocats « de ne s'être pas épargnés l'un autre, ni leurs parties, par « quelques *dicacités entremeslées*, dont ils se seroient bien pas-« sés. » Mais sa discussion à lui-même ne fut pas moins vigoureuse que celle de Pasquier. C'est lui qui, en parlant du fondateur des Jésuites, rappelle que « Ignace de Loyola, Espagnol, « *après avoir défendu Pampelune contre les François*, et y avoir « toutefois laissé bras et jambe, se jeta en contemplation, assem-« bla quelques personnes, et fit avec eux une société.... » Il leur reproche d'avoir, malgré la défense qui leur en avait été faite au colloque de Poissy, persisté à s'attribuer « cette dénomination de « Jésuites, si superbe et insolente entre chrétiens. »

Il parle de leurs *affiliations*, des *demi-vœux* par lesquels ils s'attachent tous ceux qu'ils peuvent, avec liberté d'habiter, non en couvent comme des réguliers, « mais çà et là, comme en *confrai-« ries simples*, qui se font pour *lever deniers* d'un chacun qui s'y « veut insérer, de quelqu'état, condition et qualité qu'il soit. » Il trouve qu'une telle Société *induit une merveilleuse confusion de toutes choses*. — Venant à la distinction proposée entre les maisons professes et les colléges, il dit que *ce sont choses insépa-*

---

[1] En vérité j'ai toujours été tenté de croire que c'était eux que, par une prescience de l'avenir, Jésus Christ avait en vue, lorsqu'il cherche à prémunir ses disciples contre ces faux docteurs qui viendront à vous, dit-il, couverts de peaux de mouton, et qui au dedans sont des loups dévorants. Il n'entreprend pas de les définir autrement que par leurs œuvres : vous les connaîtrez, dit-il, à leurs fruits, *fructibus eorum cognoscetis eos.*

rables. Puisqu'on a refusé d'admettre la *Société*, on ne peut admettre le *collége*, « attendu qu'il sera aisé auxdits demandeurs, après avoir établi collége, *d'insinuer et introduire sous ombre d'icelui,* leur ordre, profession et Société déjà rejetés. Car si déjà ils en ont fait des démonstrations, il est à croire qu'ils en feront encore davantage ci-après, et auront toujours en souvenance leur vœu, s'ils ne veulent qu'on les répute menteurs, imposteurs et apostats. Tellement que pour le faire court, ce qu'ils ont promis ci-devant, et promettent à présent est une vraie *dissimulation pour parvenir à leur establissement* et constitution et tirer à eux le grand bien qui leur a été donné par le feu évêque de Clermont, et ce qu'ils espèrent tirer d'ailleurs. »

G.

Page 21. — « La haute réputation de Pasquier, dit Moreri, ne l'empêcha pas d'être attaqué violemment par ses ennemis. » Il avait combattu les Jésuites; ils le lui rendirent bien Ils ne voulurent pas considérer si, en plaidant contre eux, il avait rempli le devoir de sa profession; il avait démasqué la Société, donc la Société devait le traiter en ennemi. Ils le firent insulter de la manière la plus outrageuse dans plusieurs écrits, notamment dans celui publié en 1579, par René Lafont. Pasquier en donne des extraits au t. II de ses Œuvres, p. 681, pour mettre le lecteur à même de juger la virulence de ces attaques Du reste, comme il était peu patient de son naturel, il se défendit avec vigueur et reprit même l'offensive dans les nouveaux chapitres qu'il avait ajoutés à ses *Recherches*, et dans un petit volume (précurseur des *Provinciales*) qu'il publia sous le titre de *Catéchisme des Jésuites, ou Examen de leurs doctrines.* — Mais c'est surtout après sa mort qu'il fut maltraité sans pudeur par le P. Garasse, Jésuite, dont le nom a servi depuis à exprimer tout ce que la calomnie et l'injure ont de plus amer, comme celui de Thersite est devenu le type de la lâcheté. — Une réponse à Garasse ne se fit pas attendre. Bayle, t. II, p. 1238, attribue cette publication aux enfants de Pasquier, **et** dit qu'ils vengèrent leur père *avec beaucoup de hauteur.* Il aurait pu dire, qu'ils le vengèrent dans un langage aussi peu mesuré que celui de Garasse, à en juger par le passage qu'il cite, et je les blâme d'avoir cédé à cet entraînement, quoique dans une dissertation *ad hoc*, le grand Arnault ait avancé et cru «prou- « ver géométriquement que *l'on peut employer des formes dures* « *contre certaines personnes.* » (Dictionn. de Ladvocat.) Cette violence de langage me fait même douter que les enfants de Pasquier aient été les rédacteurs de cet écrit; mais ils en ont certainement favorisé la publication, car c'est en leur nom et sur leur demande que le privilége d'imprimer a été accordé en 1624. J'ai ces deux ouvrages dans ma bibliothèque : « L'un (Garasse) provenant *de la bibliothèque des Carmes d'Angers* ; l'autre (en défense) portant le nom de *M. Sehier, curé de Juilly en* 1740. »

De Thou, Sainte-Marthe, Taisand et Moreri ont mieux défendu la mémoire de Pasquier, en racontant sa vie avec de justes éloges. « Pasquier, dit Moreri, était l'un des plus savants hommes de son temps. Il plaida longtemps avec un très-grand succès dans le Parlement, où il était consulté comme un oracle. »

Du reste, si Pasquier se montra si fort animé contre les Jésuites, c'est qu'il était convaincu en son âme et conscience que l'existence de leur Société entraînait un très-grand danger public. Mais il n'y apportait aucune animosité contre les personnes. « J'avouerai franchement que la patience m'échappa, » dit-il au ch. 45, liv. III, de ses *Recherches*, «et je répondis vivement, *non par hayne que je leur aye vouée, mais pour l'amitié que je porte à ma patrie.* » (Adde, t. II, p. 636.)

Arnauld, qui vingt ans après Pasquier reprit l'affaire contre les Jésuites, quoique cette fois la cause se plaidât *à huis clos*, garda bien moins de ménagement. Il plaidait à la vérité sous la douloureuse impression de l'attentat récemment commis sur Henri IV par Jean Chatel ; et il s'écriait à la fin de son plaidoyer : « Ou cette séance délivrera la France de ces nouveaux monstres nés pour la diviser et démembrer ; ou bien si leurs ruses, si leurs artifices les maintiennent, je le dis tout haut (ils ont trouvé moyen de faire fermer les portes, mais ma voix pénétrera dans les quatre coins du royaume, et je la consacrerai encore à la postérité, qui nous jugera sans crainte et sans passion) ; je le dis tout haut : *Ils nous feront encore plus de mal qu'ils ne nous en firent jamais.* »

Ils furent expulsés alors (en 1594), mais rétablis malheureusement neuf ans après (en 1603) ; et ils ont duré, au milieu des persécutions et des divisions qui furent leur ouvrage, jusqu'en 1762, date de leur expulsion définitive. (L'arrêt est du 6 août)— Voyez la note (T).

H.

Page 22. — *Plaidoyer de Pasquier pour la ville d'Angoulême.* Ce plaidoyer est au tome II de ses OEuvres, page 142. — Dans cette cause, comme dans celle des Jésuites, Pasquier appelle à son aide les principes du droit public. Après un exorde où il proteste du respect de la ville d'Angoulême pour le Roi, et aussi pour le prince dont il combat les prétentions, il entreprend de justifier la résistance de la ville, et dit qu'au surplus le Parlement en sera juge ; «Je ne perdrai pas le temps, dit-il, à recher-
« cher des citations tirées des Docteurs ; mais estant ne François,

« plaidant pour un peuple françois, au premier tribunal de
« France, je dis que nous sommes recevables, non pas à nous
« opposer au Roy, mais à luy faire nos très-humbles remontrances
« en justice. » — Pour asseoir son raisonnement, il remonte à la
nature même du gouvernement. « Ceux, dit-il, qui ont sagement
« discouru du fait de toute république bien ordonnée, en ont
« voulu faire trois espèces : la royale, qui dépend du gouverne-
« ment d'un seul prince ; la seigneurie, qui regarde l'administra-
« tion de plusieurs personnages d'estoffe : et l'estat populaire,
« quand par l'advis et entremise du commun peuple, les affaires
« publiques se manient. Chacune desquelles, bien que diverse-
« ment, reçoive sa perfection en son particulier, si est-ce que
« ceux qui à meilleures enseignes voulurent repasser ce poinct,
« furent d'avis qu'il y en avoit une *quatrième* espèce, ... laquelle
« ils estimèrent d'autant plus excellente, qu'elle *participoit de*
« *toutes les autres.* » — « Or, dit Pasquier, telle est précisément
« *nostre monarchie* : car nos anciens recognoissent que combien
« qu'entre les trois premières espèces de république il n'y en ayt
« point de plus digne et excellente que la royauté (et encore
« royauté non pas élective, mais celle qui vient par droit succes-
« sif en ligne masculine, et mesmement à l'aisné, toutes particu-
« larités qui se trouvent en nostre estat), toutefois parce qu'il
« peut quelquefois advenir que la Couronne tombe aux mains d'un
« prince foible et imbécille, ils establirent *un perpetuel et général*
« *conseil de la France,* que l'on appela Parlement, par les re-
« montrances duquel se passoient *les confirmations des affaires*
« *générales.* » ..... « De là vient que nous ne voyons nulle loy
« avoir vogue en France, qu'elle ne soit émologuée par la Cour....
« Et bien que quelques-uns veuillent dire que les affaires d'Estat
« n'ayent rien de commun avec vous, toutefois jamais paix ou
« traité d'importance n'eut autorité entre nous, qu'il n'ait été
« vérifié par cette Cour. » Pasquier ajoute que les rois et la nation
ont également gagné à ce tempérament apporté au pouvoir, « n'y
« ayant chose qui les ayt tant unis *en cet entre-las de volontez,*
« que ce lien général de la France, ce grand et général Parle-
« ment. » — A l'appui de son assertion, l'avocat cite des exemples
tirés de notre histoire. Sous Louis XI, quand il voulut donner
la Normandie en apanage à son frère, la province résista, et sa
résistance fut approuvée par les États tenus à Tours. — Sous
François Ier, quand la Bourgogne refusa d'obtempérer au traité
de Madrid ; — et il en conclut pour sa cause, que la ville d'Angoulême a pu résister aussi comme elle l'a fait ; qu'en cela elle a
montré plus d'attachement au Roi que si elle eût cédé ; que d'ailleurs les chartes qu'elle avait obtenues en récompense de ses services, et de l'attachement de ses citoyens à la France pendant
l'occupation des Anglais à qui le roi Jean les avait cédés pour sa

rançon[1], garantissaient à la ville qu'elle ne serait jamais tenue de recevoir *garnison étrangère*. Sur cette habile plaidoirie, les parties furent appointées au Conseil, et la Cour ordonna que l'on verrait les chartes et priviléges de la ville. — L'affaire n'alla pas plus loin.

J.

Page 23. — Pasquier racontant à son fils Théodore ce qui s'était passé lors de la réintégration du Parlement de Paris, en parle en ces termes : « Le Roi voulut que chacun sans discontinuation
« entrât en sa charge, tout ainsi comme si jamais nous n'eussions
« été partialisés. La question n'est pas petite de savoir si cette
« voye étoit la plus politique. Quant à moi je suis pour celle-ci.
« Tout ainsi que, dès le premier abord, le Roi et le Peuple se
« sont reconnus avec un consentement réciproque, sans se ressentir
« des *choses passées* ; aussi étoit-il bien raisonnable que la Justice
« y eût part, et qu'entrant dans Paris nous fussions tous récon-
« ciliés les uns avec les autres sans respit. Chacun de nous se doit
« diversement glorifier en toute humilité d'avoir fidèlement servi
« son Roi ; celui qui estoit réfugié à Tours, de l'avoir fait régner
« pendant les troubles au milieu de sa justice l'espace de cinq
« ans entiers ; l'autre qui étoit demeuré dans Paris, d'avoir
« *moyenné* que désormais il régnera si plaît à Dieu, avec toute
« magnificence et splendeur. Partant quand nous commençons de
« nous recognoître en nos compagnies, il faut que notre absence
« de cinq ans soit réputée du jour au lendemain comme une pré-
« sence, sans y apporter esbahissement ou reproche. »

L'oubli des *choses passées* fut si complet, que Pierre Pithou et Antoine Loisel furent chargés de déchirer des Registres du Parlement tout ce qui y avait été inscrit d'injurieux tant pour la mémoire du feu Roy que contre Henri IV. On peut regretter cette suppression sous le rapport historique ; à tous autres égards elle est louable et fut politique.

Par le mot *moyenné*... Pasquier fait allusion à l'arrêt du Parlement de la Ligue, qui, après avoir secoué le joug des factieux, avait proclamé *la Loi Salique* comme *loi fondamentale* de la monarchie française. Cet arrêt, donné le 28 juin 1593, vint un peu tard ; mais, précisément parce qu'il émanait d'un Parlement naguère approuvé par les Ligueurs, il n'eut que plus d'autorité sur l'opinion publique. Il est rapporté dans la *Guienne* d'Antoine Loisel, édit. de 1605, p. 343. Cet arrêt, qui fit perdre le procès aux Ligueurs et aux Jésuites de la faction espagnole, est une pièce historique assez importante pour être reproduite ici dans la te-

---

[1] « Rendus de corps, dit Pasquier, mais demeurèrent François de cœur. »

ueur de son texte original. — Arrêt sur la loi salique. — Extrait des Registres du Parlement. — « Sur la remontrance ci-devant
« faite à la Cour par le Procureur général du Roi (Édouard Molé)
« et la matière mise en délibération, ladite Cour, toutes les Cham-
« bres assemblées, n'ayant comme elle n'a jamais eu d'autres in-
« tentions que de maintenir la Religion Catholique, Apostolique
« et Romaine et l'Estat et Couronne de France sous la protection
« d'un Roi très chrestien, catholique et françois; a ordonné et
« ordonne, que remontrances seront faites cette après-disnée par
« M. le Président Lemaistre, assisté d'un bon nombre de Con-
« seillers de ladite Cour à M. le duc de Mayenne, lieutenant gé-
« néral de l'Estat et Couronne de France, estant de présent en
« cette Ville, à ce qu'aucun traicté ne se fasse pour transférer la
« Couronne en la main de Princes ou Princesses étrangers; que
« les lois fondamentales de ce Royaume soient gardées, et les ar-
« rêts donnés par ladite Cour, pour la déclaration d'un Roy ca-
« tholique et françois, exécutez. Et qu'il ait à employer l'auctorité
« qui lui a été commise pour empescher que *sous prétexte de*
« *la Religion*, la Couronne ne soit transférée en mains estrangères,
« contre les loix du Royaume. Et pourvoir le plus promptement
« que faire se pourra au repos du Peuple pour l'extrême néces-
« sité en laquelle il est réduit. Et néanmoins dès à présent a la-
« dite Cour déclaré et déclare tous traictés faits et à faire cy-
« après, pour l'establissement de Princes ou Princesses étrangers,
« *nuls et de nul effet et valeur comme faits au préjudice de la loi*
« *salique* et autres loix fondamentales de ce Royaume. — Faict
« au Parlement le 28e jour de juin 1593. — Signé — Du TILLET. »

K.

Page 23. — Pasquier a laissé trois fils : Théodore Pasquier qui lui succéda dans sa charge d'Avocat-général; Nicolas qui fut Maître des requêtes, et dont les lettres ont été imprimées à la suite de celles de son père; et Guy, auditeur des comptes. Pierre Pasquier, le capitaine, est celui qui fut tué au siège de Melun. La femme de Pasquier paraît avoir été une femme de mérite. C'est elle qui soutint ou plutôt qui ranima son courage, au moment où son état de maladie lui avait apporté le plus de découragement. (*Lettres*, p. 628 et 683.) Pendant que son mari était à Tours, avec Henri III, elle était restée à Paris; elle y fut même assez longtemps retenue prisonnière, pour avoir refusé de payer aux Ligueurs une *taxe illégale*. Elle parvint à s'évader de cette *place de guerre*, et vint retrouver son mari à Tours, où elle mourut peu de temps après. Cette femme, comme on le voit, ne manquait pas d'énergie, et Pasquier a raison de dire que c'était *une vraie viragine*. (Tome II, p. 683.) Mais cette vigueur même de caractère donnait à cette dame, quelque chose de l'humeur de Xantippe qui avait tant exercé la patience de Socrate; et Pasquier s'en plaint, mais en vers latins. (Lib. 1, ep. 17.)

>Nulla dies nobis, non horula præterit una,
>Non punctum, nullus temporis articulus,
>Quo non væ miseris servis succenseat uxor,
>Succensetque mihi ni simul ipse querar.
>Illius ad nutum totus componor, et idem
>Pacificus quum sim, tristia bella gero.
>Sic mihi pax bello, sic bellum pace paratur,
>Et placide ut possim vivere, vivo miser.
>Sic mihi cum servis vel conjuge litigo, sic est
>Hei mihi! conjugium, litigiosus amor.

L.

Page 24. — *Sur les lettres de Pasquier.* Les lettres de Pasquier, réparties sous vingt-deux livres, forment la première moitié du tome II de ses Œuvres, et comprennent près de sept cents colonnes in-folio. Elles roulent sur les affaires du temps; elles ont un caractère historique, quoique sous ce point de vue elles soient inférieures aux *Recherches*. Elles sont adressées aux hommes les plus recommandables de cette époque : tels que Loisel, P. Pithou, Cujas, le cardinal de Lorraine, Dufaur de Pibrac, d'Ossat, de Thou, Édouard Molé, le P. P. de Harlai, de Marillac, Brulart, de Sainte-Marthe, Ayrault, Servin, Duplessis-Mornay, de Serres, Nicolas de Verdun, Ronsard, poëte alors renommé! dont Pasquier était l'ami et qui plus est, *grand admirateur;* et malheureusement pour ses propres vers, *grand imitateur!* Dans la lettre 12 du livre x, adressée à Loisel, Pasquier discourt « sur la diversité des jugements que l'on fera de ses Let-« tres. » Dans une autre (la troisième du livre xxv), il se plaint à messieurs Loisel et Pithou « de ce que l'injure du temps em-« pêche de faire tenir sûrement les lettres à ceux à qui elles « sont adressées. » Dans le nombre, il y en a de fort intéressantes. Sans prétendre les indiquer toutes, je recommanderai celles qui m'ont paru avoir le plus d'attrait; par exemple, la lettre où il rend compte de la mort de François de Guise assassiné par Poltrot, p. 103; et surtout celle où il raconte la mort de Henri de Guise, assassiné dans le cabinet de Henri III, p. 367. Les lettres où il exprime son opinion sur le caractère et l'autorité des lois romaines, auxquelles il préférait *le droit françois national et coutumier*, p. 563-571-575. Sa lettre à Ayrault sur son ouvrage de *l'Ordre et formalité judiciaire*, et où il lui conseillait avec raison de diviser son ouvrage en chapitres, pour la commodité du lecteur, p. 295. A Théodore Pasquier, son fils : il l'exhorte à bien faire son état d'avocat, lui disant qu'il faut y apporter *une bonne volonté avec une continue*, p. 130. A Pierre Pithou, auquel il raconte « la forme qu'il a tenue, tant au commun cours « de ses études, que dans l'exercice de son Estat, » p. 195. Une lettre « sur la vraye naïveté de notre langue, et où il la faut « chercher, » p. 45. Enfin deux lettres charmantes qu'il écrit à l'âge de quatre-vingt-cinq ans, à son fils Nicolas Pasquier, qu'il adjure en termes touchants et pleins de délicatesse, de ne pas contrarier l'inclination de sa jeune fille.

M.

Page 25. — On pourrait, sans en retrancher un mot, appliquer à Étienne Pasquier ce qu'un des plus habiles professeurs de l'École de Droit de Paris a dit d'un autre jurisconsulte, contemporain de Pasquier, et son collègue aux États de Blois, «que c'était « un homme de science et de bon jugement, un excellent ci-« toyen ; et, dans la question la plus vive de cette époque (au « xvi⁰ siècle), l'un de ces réformateurs orthodoxes qui, *sans « jamais se séparer de l'Église romaine pour la foi et pour l'unité,* « voulaient cependant, par amour même de la religion, le retran-» chement des plus criants abus ; et pour l'État, *une séparation « très-distincte de l'autorité temporelle et de l'autorité spirituelle.* « En un mot, c'était *un de ces hommes purs et énergiques dont la « race s'est continuée jusqu'à Port-Royal*, et qui a compté dans « ses rangs, outre les Gerson, les Pascal, les Arnauld, et tant « d'autres grands théologiens, un nombre plus considérable en-« core de magistrats et de jurisconsultes, tels que Pasquier (il le « cite ainsi le premier), les frères Pithou, Domat, Pothier, « D'Aguesseau, et presque tous nos grands parlementaires » — (M. Ortolan, dans la *préface* du tom. IV de mes Réquisitoires.) — Cette ligue de tant d'hommes célèbres en faveur des libertés de l'*Église gallicane*, ne doit pas étonner. Cela prouve leur importance et la nécessité de les défendre toujours avec la même énergie. *Voyez* la note suivante.

N.

Page 28. — Les libertés de l'Église gallicane sont presque les seules qu'on trouve mentionnées dans les temps de notre histoire, antérieurs à 1789. — C'est qu'en effet, à l'époque où elles prirent naissance, l'extension extraordinaire qu'avait prise la puissance ecclésiastique, la faisait peser d'un poids accablant sur les Rois et sur les Peuples. — Pour les Rois, il s'agissait de leur

existence même, puisque Rome s'arrogeait le droit de les déposer ; pour les Peuples, il s'agissait de leur indépendance, puisque Rome aussi prétendait avoir le droit d'en disposer, de transférer le gouvernement des royaumes, de les adjuger à qui bon lui semblait, et de donner l'*investiture du pouvoir politique*. Dans la société civile, et pour les actes les plus importants de la vie, le citoyen, le fidèle, se trouvèrent en butte à des prescriptions, à des exigences, à des extorsions, à des excommunications téméraires contre lesquelles il fallait incessamment se défendre, si l'on ne voulait être tenu dans un véritable état d'exploitation et de servitude. Les libertés de l'*Église gallicane* ne sont donc autre chose que *la défense naturelle à d'injustes prétentions*. Elles consistent dans un recueil de *maximes*, dont chacune sert à repousser des exigences mal fondées. Leur invocation était appuyée par la forme de l'*appel comme d'abus*, alors porté devant l'autorité judiciaire, la plus propre, en effet (l'expérience l'atteste), à donner force au droit, et à assurer le maintien des règles dans le double intérêt de l'État et des particuliers. On appelait aussi quelquefois du Pape au *futur Concile*, bien sûr qu'on était qu'il se garderait bien de le convoquer ; et dans l'espérance que, s'il le convoquait, on y trouverait un juge éclairé, impartial et souverain. Ce caractère des *libertés de l'Église gallicane*, d'avoir été pour nos pères une *défense* et non pas une *agression*, se trouve fixé par la réponse que D'Aguesseau fit au Nonce Quirini, lorsque celui-ci vint le visiter durant son exil à Fresne. « J'ai voulu, dit
« le Nonce en l'abordant, venir visiter le lieu où l'on forge des
« *armes* contre Rome.—Non, Monsieur, reprit vivement le Chan-
« celier, ce ne sont point des *armes*, ce sont des *boucliers*. »

A l'époque où les ministres de la religion catholique, loin qu'on pût les accuser de domination ou d'intolérance, se virent au contraire proscrits et persécutés, l'allégation des libertés de l'Église gallicane, considérée comme *défense aux entreprises de la Cour de Rome et du Clergé*, eût été un non-sens.

Mais après le Concordat et la restauration du Culte, après qu'on eut replacé à beaucoup d'égards les choses au point où elles étaient auparavant, par le fait, il y a eu possibilité de voir reparaître *les mêmes abus*, les mêmes écarts qu'autrefois ; là aussi s'est révélée la nécessité de recourir *aux mêmes remèdes*. Voilà pourquoi la loi organique des cultes, du 18 germinal an x, a rappelé par leur nom *les libertés de l'Église gallicane*, et rétabli les *appels comme d'abus*, en déclarant que « les cas d'abus sont : l'usur-
« pation ou l'excès de pouvoir, la contravention aux lois et règle-
« ments de la République, l'infraction des règles consacrées par
« les canons reçus en France, l'attentat aux libertés, franchises et
« coutumes de l'Église gallicane, et toute entreprise ou tout pro-
« cédé qui, dans l'exercice du culte, peut compromettre l'honneur

« des citoyens, troubler arbitrairement leur conscience, dégé-
« nérer contre eux en oppression ou en injure, ou en scandale
« public. »

La loi a dû se borner à cette énonciation générale, sans pouvoir donner une définition plus précise. Elle exprime les *cas les plus ordinaires,* sans exclure les *cas nouveaux* qui pourraient se présenter. Car, ainsi que l'a très-bien dit le comte Lanjuinais, « chaque église a autant de libertés que la Cour de Rome « a d'injustes prétentions. » — Et en ce qui touche les particuliers, chacun a autant de libertés et de droits qu'on élève contre sa personne des exigences mal fondées.

Il s'est trouvé cependant des gens (et cela parmi ceux qui ont l'habitude de se croire *plus libéraux que les autres*) qui se sont mis à dire : Qu'est-ce donc que les libertés de l'Église gallicane au XIXe siècle? Eh quoi! vous en êtes encore là ! c'est aujourd'hui un non-sens.

Oui, peut-être, pour ceux qui ne sont pas catholiques, ou pour les esprits forts qui se piquent de n'avoir aucun culte et de les braver tous. Ceux-là, j'en conviens, n'ont pas besoin, pour leur usage, de ce qu'on appelle les libertés de l'Église gallicane : Ils en ont assez d'autres ; ils ont toutes celles qu'ils se donnent. *Mais pour le catholique, pour celui qui tient à vivre intimement avec sa foi, à ne point s'en séparer, celui-là a besoin de se défendre autrement que les dissidents ou les athées. Il faut que sa défense se concilie avec le respect qu'il doit et qu'il veut garder aux choses de la foi et de la hiérarchie.*

Sous ce point de vue, les libertés de l'Église gallicane sont donc, 1° pour les simples fidèles, *le moyen de n'être point opprimés dans l'exercice de leur foi,* de ne dépendre *que des véritables règles de l'Église,* et non du caprice ou de l'ambition excentrique de tels ou tels de ses ministres; 2° pour l'État, les libertés de l'Église gallicane n'ont pas cessé d'être ce qu'elles étaient autrefois, suivant la déclaration de 1682 : le gage le plus assuré de l'indépendance de la Couronne et les droits du pouvoir politique de l'État dans tout ce qui regarde les rapports du pouvoir temporel avec le pouvoir spirituel, et la police des cultes. *C'est le* Droit des gens *de la France vis-à-vis de la Cour de Rome; c'est son* Droit public *à l'égard du clergé national.*

On conçoit donc que ces libertés ont conservé, sous tous les rapports, la même importance que sous *l'ancien régime ;* car le régime de l'Église n'a pas cessé d'être *ancien.* — Et c'est le cas, encore aujourd'hui, de répéter avec l'immortel auteur de la Déclaration de 1682 : « Conservons *ces fortes maximes de nos pères,* « que l'Église gallicane a trouvées dans la tradition de l'Église uni- « verselle. » Bossuet, discours *de l'unité de l'Église.*

O.

Page 29. — Dans sa lettre à M. de Sainte-Marthe, p. 325, « où il lui raconte comment la Cour des Comptes ne voulut enté-
« riner un édit pour trouver argent, que le Roy y avoit envoyé
« par le cardinal de Vendôme, qui, comme on sait, étoit fils de
« Henri IV; » Pasquier explique comment, quoiqu'il fût avocat du Roi, il crut devoir s'y opposer lui-même, et en quels termes il le fit. « Entre tous les officiers du Roi de cette France (leur dis-je)
« on appelle spécialement les advocats et procureurs du roi, *gens*
« *du Roi*, comme si nos estats fussent plus particulièrement af-
« fectés au service de nos Rois, quoique tous les autres officiers
« soient aussi bien gens du Roi que nous : mais puisqu'on nous
« fait cet honneur de nous qualifier tels, il me semble qu'avec
« toute honeste soubmission, *nous luy devons rendre service, tel*
« *qu'estimons en nos consciences* se devoir tourner au profit de
« luy et de son Estat. » — Pasquier accomplit ce devoir, et donne les raisons qui l'ont porté à s'opposer à l'entérinement; il ajoute ensuite : « Je sais bien que ce discours ne plaira à tous les cor-
« rompus du siècle, et que l'un d'eux me dira : Pasquier, il ne te
« falloit estre advocat du Roy, ou, l'estant, il te falloit soustenir
« toute autre proposition que celle-là; c'est se heurter la tête
« contre une paroi que de se heurter contre le temps. Et je lui
« répondray au contraire qu'il ne falloit que je fusse advocat du
« Roy, ou l'estant, il faut que je découvre à mon maître ce que
« je pense importer à la manutention de son Estat; je dois la vé-
« rité à mon Roy; c'est une *charge foncière* annexée à ma
« conscience, et à mon état, dont je ne puis me dispenser *sans com-*
« *mettre félonie envers luy*. » Après avoir expliqué à M. de Sainte-Marthe le but de l'affaire et le refus fait par la Chambre d'accepter l'édit, Pasquier dit encore ce qui suit : — « Prenant en-
« suite à part le jeune cardinal et prince duc de Vendôme, je le
« suppliai très-humblement que luy, jeune, ne voulût prendre en
« mauvaise part ce qu'une barbe grise désiroit lui remontrer;
« et d'un même fil poursuivant ma pointe, lui remontrai qu'étant
« prince, attouchant la Couronne de si près, comme il faisoit, il
« ne se voulust dorénavant *charger de telles commissions* rui-
« neuses, mais laissât jouer ce roulet à ceux qui pour n'être de
« tel estat que luy fesoient gloire de s'avantager en crédit au dés-
« avantage du pauvre peuple ; qu'il avoit trop de grandeur pour
« en affecter d'autres par ces voies extraordinaires : — chose dont
« il me remercia, et me dit que c'estoit la première, et que ce
« seroit la dernière, dont il se chargeroit à jamais. »

P.

Page 29. — Les OEuvres d'Étienne Pasquier ont été imprimées en deux volumes in-folio à Amsterdam en 1723. On y trouve ses *Recherches*, ses *Lettres*, ses *Vers latins et français* dont quelques-uns eurent une incroyable célébrité. (Voyez dans les Lettres, page 162, ce qu'il dit des vers sur la *Puce*, et ceux qu'on fit sur *la main* de Pasquier.) Toute cette versification est du reste très-médiocre, et les vers français encore plus que les vers latins — A la suite des Lettres d'Étienne Pasquier se trouvent celles de Nicolas son fils. — Dans l'édition de 1723 ne se trouve pas le *Catéchisme des Jésuites*; on ne l'eût pas osé alors, quoique l'édition soit datée d'Amsterdam. Il a été imprimé pour la première fois en 1602, in-8°. Il y a aussi une édition petit in-12 donnée en 1577 sous la rubrique de Villefranche. On le trouve encore dans un *Recueil de pièces historiques et curieuses* imprimé à Delft, 1717, en 2 volumes in-12.

Q.

Page 31. — Pasquier, très-inférieur à Pascal pour la perfection du style, a peut-être le mérite de lui avoir tracé le plan qu'il a suivi pour les *Provinciales*. Dans le *Catéchisme des Jésuites*, on trouve la même forme de dialogue socratique entre un Jésuite et un homme du monde qui tire avec habileté des aveux de son interlocuteur sur les doctrines de la Société. Il y a même à dire pour Pasquier, que, de sa part, ce n'était pas entièrement une fiction, puisque le Jésuite qu'il met en scène n'est autre que Pasquier Brouez avec lequel il s'était rencontré, quelques années avant le procès de l'Université, chez un de ses amis au château de Croix-Fontaine. Là, ils avaient eu ensemble une longue conversation dans laquelle Pasquier, avec son esprit investigateur, avait cherché à se faire expliquer les conditions d'existence du nouvel institut. (*Lettres* de Pasquier, p. 625 et 629) Les dialogues du *Catéchisme* sont aussi appuyés, comme ceux des *Provinciales*, sur des citations habilement empruntées aux livres des Jésuites, ou tirées des actes qui les concernent, même de leurs constitutions dont Pasquier avait eu communication par un nommé Brusse, gentilhomme écossais, qui avait été élevé par les Jésuites dans leur collége de Paris. (*Lettres*, p. 632 et 633.) Le tout est présenté avec une verve satirique quelquefois trop acérée, et qui n'est pas à beaucoup près réglée par un goût aussi sûr que celui de Pascal; mais enfin n'oublions pas que Pasquier est venu un demi-siècle avant l'écrivain de Port-Royal, et qu'il est monté le premier sur la brèche.

C'est dans une lettre à M. de Pelvé, conseiller du Roi et maître des comptes que Pasquier (tom. II, p. 515) donne son avis sur les écrits de Michel Montaigne. Il entre ainsi en matière. « Vous désirez savoir de moy quel jugement je fay des jugemens du feu seigneur de Montaigne, *amy commun de nous deux, quand il vivoit*. Je vous le dirai en un mot : *rien ne me déplaît en iceux, encore que tout ne m'y plaise*.... Nous étions, luy et moi, familiers et amis, par une mutuelle rencontre des lettres ; fusmes ensemblement en la ville de Bloix, lors de cette fameuse assemblée des trois Estats de l'an 1588, dont la tenue a causé tant de malheurs à la France ! et comme nous nous promenions dedans la cour du chasteau, il m'advint de lui dire qu'il s'étoit aucunement oublié de n'avoir communiqué son œuvre à quelques siens amis, avant que de la publier; d'autant que l'on y recognoissoit, en plusieurs lieux, je ne sais quoi du *ramage gascon*, plus aisément que Pollion n'avoit autrefois fait le Padouan de Tite-Live, chose dont il eût pu recevoir advis, par un sien amy. Et comme il ne m'en voulut croire, je le menai en ma chambre, où j'avois son livre ; et là, je lui monstray plusieurs manières de parler familières, non aux François, mais seulement aux Gascons. » (Suivent les observations dont plusieurs en effet sont très-fondées.)—En ce qui touche le caractère de Montaigne, Pasquier lui reproche un peu d'amour-propre, « s'estimant fort, en faisant semblant de se dédaigner. »—Mais à cela près, Pasquier rend justice à Montaigne. «J'aime, respecte et honore sa mémoire, autant et plus que nul autre, dit-il; et quant à ses *Essais* (que j'appelle chefs-d'œuvre) *je n'ay livre entre les mains que j'aye tant caressé que celui-là* ; c'est un autre Sénèque en notre langue. A toutes ses manières de parler gasconnes et autres mots inusités, j'oppose une infinité de beaux traits françois et hardis ; une infinité de belles pointes, qui ne sont propres qu'à luy, selon l'abondance de son sens ; et ne me puis encore offenser, quand il se desbonde à parler de luy ; cela est dict d'un tel air, que j'y prends autant de plaisir, comme s'il parloit d'un autre. Mais, surtout son livre est un vray séminaire de belles et notables sentences, dont les unes sont de son estoc, et les autres transplantées si heureusement, et d'une telle naïveté dans son fonds, qu'il est malaisé de les juger pour autres que siennes. »

Je ne crois pas que Montaigne ait jamais été plus exactement et plus spirituellement apprécié.

R.

Page 32. — Pierre Gilbert de Voisins se démit, en 1759, de sa charge d'avocat-général en faveur de son fils. Il profita de ses loisirs pour entreprendre le dépouillement de l'immense recueil des *Manuscrits de Brienne*. Une copie de cette collection précieuse, due aux soins d'Antoine de Léoménie, secrétaire d'État, était tombée entre ses mains; mais, trouvant avec raison que le défaut de *table* la rendait presque inutile, il brava la fatigue d'un travail aussi fastidieux; et, loin de chercher à s'en faire un mérite, il répéta souvent que ce travail n'avait été pour lui qu'*un délassement de dix-huit années*. Il en composa un *Répertoire raisonné* qui forme 3 gros volumes in-4°, entièrement écrits de sa main. Au mois de mai 1740, le Roi le nomma conseiller d'État, puis premier président au grand Conseil pour l'année 1744. Ayant eu la douleur de survivre à son fils, devenu président à mortier, et mort en 1754, à Soissons, où était exilée une partie du Parlement, il composa lui-même l'épitaphe de ce fils chéri, qui laissait bien des regrets dans la magistrature. En 1757, M. Gilbert fut nommé au Conseil des Dépêches par le Roi, qui voulait toujours avoir l'avis d'un magistrat aussi éclairé. Souvent même, il fut chargé par le gouvernement de la rédaction de Mémoires particuliers, et il eut part à presque tous les règlements utiles qui ont paru de son temps. Ce n'est qu'en 1787 que son petit-fils, élevé par lui, fit imprimer deux *Mémoires sur les moyens de donner aux protestants un État civil en France, composés de l'ordre du roi Louis XV, par M. Gilbert de Voisins, conseiller d'État*, etc., suivis d'un projet de Déclaration. Ainsi, il faut ajouter le nom de Gilbert de Voisins à ceux de Vauban et de Fénelon, qui défendirent la même cause du vivant même de Louis XIV. (Voyez la note 6 de mon *Éloge de Malesherbes*.) — Pierre Gilbert mourut le 20 avril 1769, âgé de quatre-vingt-cinq ans. Son épitaphe, composée par M. Le Beau, et placée dans l'église de *Saint-Séverin* de Paris, non loin de la tombe d'Étienne Pasquier, retraçait fidèlement et avec élégance ses vertus comme magistrat et comme homme privé.

S.

Page 33. — Ce qui s'est passé en 1729 au sujet de l'office de Grégoire VII, peut éclairer sur les tentatives faites naguère auprès des évêques de France pour leur faire adopter le *Bréviaire romain* par préférence aux *Bréviaires particuliers* en usage dans chaque diocèse. — Le Pape, il faut le dire, quoique *provoqué* à ce sujet, a mis dans sa *réponse* une très-louable réserve. Dans son bref du 6 août 1842, adressé à M. l'archevêque de Reims, et inséré au *Moniteur* du 4 août 1843, le Saint-Père ne dissimule pas que « tel serait aussi son désir. » — « Mais, ajoute-t-il aussi-
« tôt, vous comprendrez aisément, Vénérable Frère, combien
« *c'est une œuvre difficile et embarrassante de déraciner cette*
« *coutume implantée dans votre pays depuis un temps déjà long;*

« c'est pourquoi, redoutant les graves discussions qui pourraient
« s'ensuivre, nous avons cru devoir, pour le présent, nous abs-
« tenir, non-seulement de presser la chose avec plus d'étendue ;
« mais même de donner des réponses détaillées aux questions que
« vous nous avez proposées. »

Aussi presque toutes les églises de France ont persisté à garder les *bréviaires* dont elles étaient en possession. Le diocèse de Nevers est de ce nombre. Dans un synode tenu en septembre 1843, et auquel assistaient près de deux cents pasteurs du second ordre, on s'est fortement prononcé pour conserver le *statu quo*, les uns suivant, comme auparavant, le *bréviaire de Paris* pour la partie du Nivernais qui dépendait de l'ancien évêché d'Auxerre; les autres celui *d'Autun* pour les paroisses démembrées de ce diocèse; et le plus grand nombre conservant *l'ancien bréviaire du diocèse de Nevers*. Ce bréviaire, dont la dernière édition (du moins celle que j'ai vue), porte le millésime de 1727, n'est, elle-même, qu'une édition revue et corrigée de celle qu'avait fait publier, un siècle auparavant, Arnaud Sorbin, évêque de Nevers. — Dans la préface de l'édition de 1727 adressée au clergé niverniste, l'évêque (Charles Fontaine des Montées) rend compte en ces termes du soin qu'il a pris de procurer la nouvelle édition. — *Neminem vestrum ignorare arbitror, fratres dilectissimi*, suo jure *Nivernensem Ecclesiam a multis jam temporibus* peculiari usam fuisse Breviario. *Postremus quidem editus fuit ineunte superiori seculo sub auctoritate Arnaldi Sorbini felicis memoriæ, cujus ministri, cum religioni duxissent ritum ac modum Breviarii romani in omnibus sequi, plane recessere a ritibus Ecclesiæ nostræ*, quamvis antiquis, omnique veneratione dignis; *utpote quos plus quam* quadringentorum annorum spatio *jam videmus conservatos*, etc.

Or, le Concile de Trente, session 25, n'exige pas un si long terme, puisqu'il maintient chaque église dans le droit de *conserver les bréviaires et les missels* qui ont seulement *deux cents ans d'antiquité*.

T.

Page 55. — Dans une sorte de biographie *autographe* que M. Gilbert de Voisins a laissée dans ses papiers, et que ses fils ont bien voulu me communiquer, et où il rappelle en termes simples et modestes les emplois qu'il a occupés et les principaux actes de sa vie, on lit le passage suivant : « Depuis le mois de juillet 1815 jusqu'au moment de la révolution de 1830, M. Gilbert de Voisins combattit les tendances du gouvernement *qui protégeait le retour des Jésuites*. Il publia un ouvrage sur cette Société fameuse dont il a retracé l'histoire en rappelant l'arrêt qui l'avait frappée en 1762. Tous les articles qui ont paru à ce sujet dans *le Constitutionnel* étaient dus à la plume de M. Gilbert de Voisins, que ses connaissances spéciales et *ses traditions de famille* appelaient plus que tout autre à traiter cette grave question ; c'est ainsi qu'il servait encore son pays. »

Dans un de ces articles que M. Gilbert de Voisins revendique comme siens (numéro du *Constitutionnel* du 19 novembre 1824), il donne un *abrégé de l'histoire des Jésuites* depuis l'époque où ils se glissèrent astucieusement en France, jusqu'à nos jours. Après un résumé substantiel des principaux méfaits reprochés en divers pays à leur Société, M. Gilbert de Voisins achève leur histoire en ces termes : — « Voilà leurs actes et le tableau est loin d'être complet. Nous allons le faire suivre de celui des mesures que les gouvernements furent obligés de prendre contre eux à différentes époques. Ils ont été successivement bannis :

« De Sarragosse en 1555 ; de la Valteline en 1566 ; de Vienne en 1568 ; d'Avignon en 1570 ; d'Anvers, de Ségovie et de Portugal en 1578 ; d'Angleterre en 1581 et 1586 ; de Hongrie en 1588 ; de Bordeaux en 1589 ; de toute la France en 1594 ; de la Hollande en 1596 ; de la ville de Tournon en 1597 ; du Béarn en 1597 ; d'Angleterre de nouveau en 1601 ; de Dantzick en 1606 ; de Venise en 1606 et 1612 ; de Bohême en 1619 ; de Naples et des Pays-Bas en 1622 ; de Malte en 1634 ; de Russie en 1676 et 1723 ; de Savoie en 1729 ; de Portugal en 1759 ; de France pour la seconde fois en 1762 ; d'Espagne en 1767 ; du royaume des Deux-Siciles en 1767 ; du duché de Parme en 1768 ; de Malte de nouveau en 1768 ; de Rome et de toute la chrétienté en 1773.

« On se demandera sans doute, continue M. Gilbert de Voisins, comment, après de tels actes et de pareilles mesures, il existe encore des Jésuites ? comment ils trouvent encore de l'appui auprès de quelque gouvernement ?

« Le fait de leur existence s'explique par les *affiliations secrètes*, au moyen desquelles cette Société, malgré le juste anathème dont elle est frappée, s'est perpétuée dans l'ombre, essayant souvent de reparaître sous des noms supposés, tels que ceux de *Frères de la Croix*, de *Cordicoles*, de *Paccanarisses*, de *Pères de la foi*, car les *déguisements* ne leur coûtaient rien, pourvu qu'ils reprissent l'existence publique [1].

« L'appui qu'ils trouvent auprès de quelques gouvernements s'explique par une circonstance dont ces *Pères de la Ruse* ont profité avec adresse. Quoique l'époque actuelle soit différente de

---

[1] J'ai donc eu raison de dire quelques années plus tard à la Chambre des Députés : « Protée, c'est la fable ; le jésuitisme, c'est la réalité. » Discours du 21 juin 1828. Voyez le rapport de M. Portalis sur les *Pères de la Foi* ; an XII.

celle où ils parurent pour la première fois, elle offre cependant avec celle-ci une analogie frappante.

« Quand cette Société se forma, dans le xvie siècle, tous les esprits étaient occupés de la réformation religieuse; le pouvoir papal, comme nous l'avons dit, était menacé de toutes parts. Les Jésuites se présentèrent comme des défenseurs zélés et des serviteurs soumis. Ils furent accueillis comme un renfort indispensable, et Rome usa de son influence sur les États qui repoussaient la réforme, pour les y faire admettre. Leurs intrigues, leur astuce, l'emploi de tous les moyens bons ou mauvais firent le reste, et portèrent leur puissance au plus haut degré.

« Depuis un siècle environ, les esprits sont occupés de la réformation politique, comme ils l'étaient au xvie siècle de la réformation religieuse. Il était possible de l'opérer sans secousse par un heureux accord entre les souverains et les peuples ; mais des classes intermédiaires avaient des priviléges, fruits de l'usurpation ou résultat de la force. Il fallait en faire le sacrifice ; elles opposèrent une résistance intempestive ; cette résistance amena l'irritation, l'irritation amena des excès, il s'ensuivit un ébranlement général ; et lorsque l'irritation s'apaisa, que le calme se rétablit, il resta cependant l'effroi de voir se renouveler ces grandes agitations qui avaient ébranlé le monde.

« Les Jésuites profitèrent adroitement de cette circonstance : de même que, lors de la réformation religieuse, ils s'étaient offerts pour défenseurs de la *tiare*, ils vinrent s'offrir comme les défenseurs du *trône*. Les gouvernements, occupés de leurs craintes actuelles et oubliant le passé, ne crurent pas devoir repousser ces perfides auxiliaires.

« Mais, à la première époque, Rome elle-même ne fut pas longtemps à s'apercevoir que cette nouvelle milice était insubordonnée et indisciplinable ; que, véritables *janissaires religieux*, les Jésuites étaient souvent plus à craindre qu'ils n'étaient utiles, et que cette obéissance, qu'ils avaient promise, loin d'être *absolue*, n'était que *conditionnelle, et cessait dès qu'on voulait mettre un frein à leur avidité et à leur ambition*. Plusieurs Papes annoncèrent l'intention de les réformer ; quelques-uns allèrent jusqu'à leur défendre de recevoir des novices ; et, s'il faut en croire l'histoire, presque tous les Pontifes qui manifestèrent ces idées de réforme, périrent peu de temps après.

« Les gouvernements qui, à l'époque présente, ont accueilli leurs prétendus services, ne seront pas longtemps à reconnaître les dangers dont ils se sont entourés ; ou plutôt, déjà ils doivent s'en apercevoir ; déjà l'avidité des Jésuites, leur ambition, leurs prétentions se montrent au grand jour ; déjà ces discussions interminables, ces querelles sur les limites entre les deux puissances, sont près de reparaître ; déjà la fausse dévotion et l'hypocrisie se remontrent parmi nous, et les pratiques superstitieuses viennent remplacer la véritable piété ; déjà ils ont rétabli leurs *affiliations secrètes* ; déjà ils se glissent dans l'administration, dans les tribunaux, dans le conseil ; et quand ils auront ainsi *cerné le Trône* de toutes parts, malheur au Prince qui voudrait leur résister ! malheur au gouvernement qui voudrait secouer leur joug ! malheur au peuple que *l'imprévoyance* ou *la complicité* d'un ministère aurait entraîné dans une position si critique ! *L'histoire est là pour nous apprendre ce qu'ils peuvent faire......* »

— Un des ministres de Louis XVIII, M. Bourdeau, ancien Garde des Sceaux, aujourd'hui Pair de France, a merveilleusement caractérisé la tendance de la faction à laquelle on doit attribuer une bonne partie des malheurs de la Restauration, en disant de ses adeptes : « Qu'ils auraient voulu nous rendre « *l'ancien régime, avec les Jésuites de plus, et les libertés gal-* « *licanes de moins.* »

— Pour comprendre tout le danger qui s'attache à *l'action du Jésuitisme* dans un État, sous quelque forme ou prétexte qu'il s'y introduise, il suffit de rappeler les termes de l'arrêt du 6 août 1762, qui, après une expérience de cent soixante ans, « déclare l'institut des Jésuites, inadmissible par sa nature dans tout État policé, comme contraire au droit naturel, attentatoire à toute autorité spirituelle et temporelle, tendant à introduire dans l'Église et dans les États, sous le voile d'un institut religieux, un *corps politique* dont l'essence consiste dans une activité continuelle pour parvenir par toutes sortes de voies, directes ou indirectes, sourdes ou publiques, d'abord à *une indépendance absolue* et successivement à *l'usurpation de toute autorité.* »

Le même arrêt « En ce qui touche la doctrine morale et pratique constamment et persévéramment enseignée sans interruption dans ladite Société, déclare ladite doctrine morale et pratique, dont l'uniformité résulte des constitutions mêmes dudit institut et société, et de la conduite constante de ladite société, et des supérieurs et généraux d'icelle, à l'égard de tous ceux qui l'ont enseignée et publiée, *perverse, destructive de tout principe de religion et même de probité,* injurieuse à la morale chrétienne, pernicieuse à la société civile,.... *propre à exciter les plus grands troubles dans les États*, et à former et à entretenir *la plus profonde corruption dans le cœur des hommes.* »

CRAPELET, IMPRIMEUR DE LA COUR DE CASSATION,
RUE DE VAUGIRARD, 9.